Textbook of Architecture
for the People

「建築学」の教科書

安藤忠雄 ANDO Tadao
石山修武 ISHIYAMA Osamu
木下直之 KINOSHITA Naoyuki
佐々木睦朗 SASAKI Mutsuro
水津牧子 SUITSU Makiko
鈴木博之 SUZUKI Hiroyuki
妹島和世 SEJIMA Kazuyo
田辺新一 TANABE Shinichi
内藤廣 NAITO Hiroshi
西澤英和 NISHIZAWA Hidekazu
藤森照信 FUJIMORI Terunobu
松村秀一 MATSUMURA Shuichi
松山巖 MATSUYAMA Iwao
山岸常人 YAMAGISHI Tsuneto

彰国社

はじめに◎教科書にないもうひとつのドラマ

建築の教科書とはいうものの、この本は試験問題を解くための教科書ではない。「建築には、正しい答えがひとつあるということを知ってもらうための教科書である。

また、建築の勉強の仕方も、ひとつだけではないことを知ってもらうための教科書でもある。だいいち、建築の勉強といっても「建築を設計する勉強」「建築を建てる勉強」「建築を建てさせるための勉強」「建築を使う勉強」「建築を見る勉強」「建築を書く勉強」「建築を描く勉強」「建築を直す勉強」「建築を壊す勉強」「建築を残す勉強」などなど、数えきれないくらい勉強の仕方もあるので、何を勉強すればよいのかもひとつではない。

建築についての勉強は年齢や経験とは関係なく、誰でもすべきものだし、誰でもできるものだ。しかしその手がかりはどうすれば得られるのだろう。いろいろな角度から建築については考えられるのだし、いろいろな角度から建築ははじめられるのだから。

そうなると建築にいろいろなかたちでかかわっている人々の話を聞くことが大切になる。ここにはそうした「答えのない」建築の話が詰まっている。けれどもこの本のなかで建築を語っているのは、現在のわが国の建築をもっともエキサイティングにしている人々ばかりだ。この本を編集してみて、よくもまあ多様な、そして多用な人々がここに建築を語ってくれたものだという気がしている。みんな、建築について自分が語りたいと思ったことを語ってくれた。どれもこれも建築そのものの話なのだけれど、ひとつとして同じ話はない。話に応じて建築も千変万化の顔を見せる。しかしながらただひとつ共通しているのは、みな「建築はどんな角度から見ても面白い」「建築ははてしない可能性をもっている」と語っていることだ。そこには専門の種類、経験の幅や立場の違いを越えた共通性がある。なぜなのかを考えてみると、最初に言った「建築はひとつの答えをもつものではない」という言葉に戻ってくるのに気づく。

答えがひとつでないからこそ建築は面白いのだし、だからこそ建築には無限の可能性があると感じられるのだ。一人一人が建築について考えて、一人一人にその答えと可能性を感じられるからこそ、建築はつくられつづけるのだし、評価されるのだし、歴史となり文化ともなるのだ。だからこそ、ここでみんなが建築について語っているのだ。

われわれは建築に取り囲まれて暮らし、建築を眺めながら旅し、建築の中で仕事をし、考えごとをし、建築の中で死んでゆくのだ。われわれは建築から逃れようと思っても逃れられないのだ。だからこそわれわれすべてに建築はかかわっているのだ。だったら、われわれ全員、建築について勉強する必要があると思うのだ。この本はそのためのひとつの手がかりを与えられればよいと思ってつくられている。ぜひとも建築というものを考えてみてほしい。

日本の建築は世界一流だといわれるのに、日本の都市は見事だとも美しいとも言われない。

はじめに

これはなぜなのだろう。その理由を考えるためにも、われわれみんなが建築について考えてみるべきではないのだろうか。建築は一つ一つが孤立して立っているわけではないし、建築が集まるところに生まれる都市は、建築との境目がない存在なのだ。だから建築は、決して建てたり建てさせたりする人々だけのものではないのだ。建築に取り囲まれ、建築を取り巻いている人々すべてにとって大切なものであり、面白いものなのだ。みんなが建築について考えれば考えるほど、建築だけではなく、都市も美しくなってゆくと思う。そのためにこの本がひとつのきっかけとなればよいと思っている。

二〇〇三年五月

東京大学教授・鈴木博之

「建築学」の教科書◉目次

目次

装丁◎工藤強勝＋横澤寛子
装画◎中山尚子
本文デザイン◎鈴木陽子

揺れ動く心

——建築と出会う

安藤忠雄

久しぶりに訪れたロンシャンの礼拝堂は、三〇年前、はじめて見たときと変わらぬ姿で、むしろよりいっそう力強く、大地に根づいていた。地面が隆起したように立ち上がる壁。うねり、迫り出す、彫刻的な屋根の造形。コンクリートの塊が、太陽の下で自在にかたちを変え、光と影の空間をつくり出す。この作品から、コンクリートというかたちなき素材のもつ可能性が、一気に切り開かれた。

その内に一歩足を踏み入れると、今度はあらゆるところから挑みかかってくるような、光の洪水に、身を包まれる。斜めの壁に穿《うが》たれた大小の開口部から、さまざまな質・量の光が、赤や青、黄色に彩られ、あるいは穏やかに、あるいは挑戦的に、くっきりとした輪郭を床に描く。それは、まさに光の彫刻である。

ロンシャンの礼拝堂は一九五〇～五五年、コルビュジエ六三～六八歳のときの作品である。近代建築家として、すでに揺るぎない地位を築き上げていたこの時期、ふつうなら、それまでの創作の延長線上で、円熟し、熟練する方向に向かうときかもしれない。しかしコルビュジエは、ここに至って、かつての"白の時代"とはまるで異質な世界へと、劇的な〈変化〉をとげた。その生涯の終わりに近づいてなお、新たな可能性を探求しようとする、あくなき創造への執念には驚きを禁じ得ない。

この建築の前に立ち、空間に身を包まれると、"白の時代"からロンシャンの礼拝堂へと至るまでのコルビュジエの迷い、不安、葛藤といった揺れ動く心の動きが、そのまま伝わってくる

量塊感をもって立つロンシャンの礼拝堂

ロンシャンの礼拝堂の中はまさに光の彫刻

ようであり、その激しさに言いようのない感動を覚える。

よく、「なぜ建築の道を選んだのか」と聞かれることがある。なかなか簡単に答えられるものではなく、そのたびに曖昧な答えを返しているが、そのひとつに、二〇代のころ、はじめての西欧旅行での、このロンシャンの礼拝堂の強烈な空間体験があるのはたしかである。ロンシャンばかりではなく、若いころから重ねた旅の過程での、さまざまな建築、都市との出会いが、建築家としての私の、血となり、肉となっている。それら一つ一つの建築に誘われ、導かれるように、建築の世界に引き込まれていった。

建築に関して、私は正規の教育を受けていない、いわゆる独学である。建築家になろうという人間なら、高校を出て、大学の建築科に進み、その後はさらに大学院にとどまるか、設計事務所に弟子入りするか、あるいは海外留学を考えるか、いずれにしろ、なんらかのかたちで一定期間、建築教育の場に身をおくのがふつうだろう。しかし、私はそのような機会をもつことなく、ただ興味引かれるまま、建築の世界に足を踏み入れ、現在に至っている。そのあいだ、何に縛られるのでもなく、思うままに建築に打ち込んできたようで、決して安穏としたときをすごしていたわけではなかった。

独学で、一番つらかったのは、当たり前とはいえ、いつも自分ひとりしかいない、その孤独感と焦燥感である。ともに学び、意見を交わせる同級生がいない、助言を与え、導いてくれる先輩もいない。そして自分がどの程度のレベルにまで近づけたのか、客観的な評価を受ける機会も得られない。いまでも、そのことで、何か不安を覚えるときがある。

しかし、その代わり、何事でも自分の目で見て、自分の頭で考え、自分の意志で決定を下す、強さを身につけることができた。既成概念に囚われることなく、自分なりの視点で、問題の根源にまで立ち返って考える。その積み重ねで、私なりに、〈建築〉へと近づいてきたつもりである。対象が何であれ、つねに自身との対話を繰り返し、考える習性は、いまも変わらない。

専門的な知識も、情報ももたなかった二〇代の私は、とにかく興味をもった建築を実際に見て歩くことで、建築を学ぼうと考えた。五感を研ぎ澄ませ、身体で空間を感じ取る。まず身近にあった、日本の伝統的古建築を振り返ることからはじめ、次は西洋の建築へと、次第に、目は世界へと開かれていった。

が、当時はいまのように国際化が進んではおらず、一般の日本人にとって西欧はまだまだ遠い存在であった。渡欧はもちろんのこと、入手できる情報も限られている。洋書などはいまとは比べようもないほど高価だった。それでも、なけなしの小遣いで買い求めた海外の建築雑誌には、それまでの自分を取り巻いていた環境にはない、まったく〈新しい〉何かがあり、好奇心は膨らむ一方であった。だから、一九六五年、海外渡航が自由化されると、すぐさま渡欧を決心した。知識面でも、経験の面でも不安でいっぱいの旅立ちであったが、とにかく、西洋建築を実際に自分の目で見てたしかめたい、という思いが抑えられなかった。

横浜からナホトカまで船で渡り、シベリア鉄道でモスクワを通って、北欧からヨーロッパ入りする旅程をたどった。出発して、最初の感動は、生まれてはじめて目にする、水平線である。生地である大阪の下町のスケール感覚が身体に染み付いており、海といえば瀬戸内海しか知らなかった私にとって、太平洋の彼方まで広がる水平線は、まさに衝撃であった。ハバロフスクから乗ったシベリア鉄道の、車窓から見た地平線もまた同様である。一週間のあいだ、景色は湿地の平原のまま変わらず、それが遠く欧州大陸まで続いていく。その感覚は島国日本にいたのでは決して理解することはできないものである。地を這うように大陸を移動していくなかで、世界の広さを実感した。

その〈水平〉の印象があまりにも強烈だったからだろうか。その後、訪ね歩いた西洋建築の数々、そのどれもにおいて〈垂直〉という建築概念が強く意識された。とりわけ、はっきりと感じたのは、ギリシア、アクロポリスの丘のパルテノン神殿を目にしたときである。

アクロポリスの聖域は、幾多の建築家に啓示を与えてきた、西洋古典建築の原点ともいうべきものである。コルビュジエもまたアクロポリスに魅せられた人間のひとりであり、その生涯で最初に出版された著作でもパルテノンにかかわる発言を残している。

私がはじめてアクロポリスを訪れたのは一〇月。空港からバスに乗って市内に近づいていくと、街区が途切れた途端、目のさめるような青空を背景に、アクロポリスの丘と、その上に立ち上がるパルテノン神殿の力強い姿が目に飛び込んできた。

表面に溝彫りを施された大理石の柱が、地中海の陽光に照らされ、美しい陰影をつくり出している。完璧な比例の世界のなか、かたちへの意志が、柱の垂直性によってもっとも純粋に、直接的に体現されている。そこに理性による西洋建築の結晶化された姿を見たように思った。

ここでの垂直の発見は、西洋の建築とは対極にある、日本建築のもつ曖昧さの再認識であり、また日本の建物、都市の成り立ちを、水平方向への広がりとしてとらえ直す新たな視点の発見でもあった。

〈水平〉と〈垂直〉。重力に抗《あらが》って立つ建築を考えるうえで、非常に重要な、この対立概念を、若いころ、劇的に体験できたことは幸運だった。


ヨーロッパを歩き回り、古代から現代に至る西洋建築の世界を体験していく過程で、もうひとつ、新たに目を開かされたのは建築における光の存在である。これも日本と西洋の建築との、本質的な違いのひとつだ。伝統的な日本建築では、光は下方から照り返す。庇や障子が直射光を遮り、縁側や庭に反射し、人をやさしく包み込む。それに対して、西洋の建築の光はもっと直接的で、力強い。光をも建築の要素として、操作しようとする人間の意志がはっきりと現れている。

たとえば、ローマにあるパンテオン。直径約四〇mの球体が、ぴったり内接するようなかたたちからなる、建築史上、まれに見る単純性と完結性を備えた建築である。その唯一の開口部が、半球ドームの最頂部に穿《うが》たれた、直径九mほどの円形スカイライトだ。そこから、完全に閉ざされた内部空間の中に、シリンダー状の光が、差し込んでくる。天空の運行が、その光を劇的に変化させ、自立した内部空間が、象徴性をおびるまでに高められる。その光のドラマ、空間のダイナミズムが見るものの心に強く訴えかけてくる。

内部空間にいかに光を取り込み、空間を演出するか。構造・意匠を含めて西洋建築史とは、その光の追求の歴史だったのではないだろうか。

「建築とは、光の下に集められたヴォリュームの、知的で、正確で、そして壮大な遊びである」(ル・コルビュジエ『建築をめざして』一九二三年)。

若き日のコルビュジエもまた、光を建築の主題として考え、光に繰り返し言及している。ところで私のはじめての欧州旅行の主な目的は、そのコルビュジエにひと目逢いたい、その建築に直にふれたいという思いにあった。その建築もさることながら、何より独学で出発し、闘いながら近代建築の道を切り開いていった生き方そのものに、惹かれていたのである。

フランス、パリまで足を伸ばし、彼のアトリエを探して、ずいぶんとパリの町を歩き回った。が、結局願いはかなわなかった。私がパリに到着する一カ月前に、彼はすでに亡くなっていた。しかし、印刷の悪い写真でしか見たことがなかったコルビュジエの作品を、納得のいくまで味わいたいというもうひとつの夢は実現した。パリからマルセイユ、ロンシャン、そして再びパリへ。数週間、コルビュジエの作品を追いかけて、コルビュジエ漬けの日々を送った。

コルビュジエの建築は、初期の近代建築五原則を謳っていた白の時代の作品と、ロンシャンの礼拝堂に代表されるような、素材感をあらわにした、彫塑的な後期の作品とに分けられる。むろん、建築をはじめて間もなかった当時は、そのような予備知識を持ち合わせてはいない。近代建築というひとつの範疇のなかで、そのすべての作品を理解することができると当たり前に考えていた。

サヴォワ邸、ラ・ロッシュ＝ジャンヌレ邸、シュタイン邸などの白の時代の作品から、救世軍本部、スイス学生会館、そして一九四〇年代から五〇年代のユニテ・ダビタシオン・マルセイユ、ロンシャンの礼拝堂、ラ・トゥーレットの修道院まで。一つ一つ実際に訪ね歩いてみて、当初の予想は覆された。驚くのは、その建築表現の、あまりの振幅の激しさである。コルビュジエ独特の、卓越したプロポーション感覚を除くと、とても一人の作家のたどった作品歴だとは思えない。「コルビュジエの建築とはいったい何だったのか」。コルビュジエ巡礼を繰り返しながら、私は考えつづけた。思えばこのコルビュジエとの出会いが、私にとって、ほんとうの意味での「建築」のはじまりだったのかもしれない。

サヴォワ邸に象徴される初期のコルビュジエをひと言でいうならば、建築の〈理性〉の、その究極の体現者といえるだろう。たしかな秩序をもった空間の実現をめざして、純粋なフォルムを徹底し、自在にその空間を入り組ませ、「建築的プロムナード」と称するようなドラマをつくり出す。とりわけコルビュジエがユニークだったのは、実現した作品に対して、明確な論理、説明を求めたことだ。その理念は、ピロティ、屋上庭園から自由な平面、自由な立面、独立骨組みの近代建築五原則に結晶化された。

建築だけでなく、都市に対しても「緑・太陽・空間」などといったスローガンを生み出すなど、コルビュジエはつねに、不確かな現実に対し、抽象的な概念で説明を与えることに執着した。機械が時代のモデルとされ、大衆が時代の主役とされた当時において、論理的に明晰・透明たり得ているかが、コルビュジエにとって最大の関心事だったのだろう。その巧みなプロパガンダによって、彼の方法論は二〇世紀建築の共通言語として世界中に伝播していく。

しかし、その明晰極まりなかったはずのコルビュジエの作品に、ある時期から突然、曖昧さがよぎりはじめる。具象的な要素の介入である。たとえば、スイス学生会館における湾曲した乱石積みの壁、ユニテ・ダビタシオンの荒々しい打ち放しコンクリートの素材感。まるで自分自身に翻弄《ほんろう》されるように、徐々にコルビュジエの作風に変化が訪れ、挙句に到達したのが、ロンシャンの礼拝堂、ラ・トゥーレットの修道院といった、かつての白の時代の建築とはかけ離れた迷路的空間である。

白の時代を象徴するサヴォワ邸

この作品は空間にドラマをつくり出している

素材感が荒々しく露出し、ときに水平・垂直すらも排除される、諸要素が激しく衝突するような、激しい空間。脈絡なく訪れる光と影のドラマ。サヴォワ邸のころの〈理性〉などは微塵も感じられない。かといって、初期の傾向と完全に断ち切られているかというと、そうではなく、モデュロールをはじめとして、五原則のような手法も、見え隠れしながら十分に使用されている。そこには、もはや他人が共有しうるような手法、原理はなく、あるのはコルビュジエという個性、それのみである。

コルビュジエの回心は、ある日突然おこったものなのだろうか。そのような目であらためてこの住宅の前に立ってみると、はじめは近代建築のひとつの見本のように見えたはずが、また違って見えてくる。その明快な表現の背後に、すでに後期のコルビュジエへとつながるような曖昧さ、多様さが、隠されているのである。全体を貫く構成原理が、ときに部分の要求によって変容させられていたり、機能を超えた強いかたちが突如出現したり——。単一の論理では説明できない部分がそこここに見受けられる。そして、そのような曖昧な部分が、空間に奥行きと膨らみを与え、言葉にできない魅力を、この建築に与えている。

結局、コルビュジエは、そのはじまりから、抽象的な思考から導き出される理念と、自らの肉体から発せられる情念とのあいだで、つねに迷い、翻弄されながら、建築をつくりつづけてきたのだろう。その最後に、自らの情念の赴くまま、近代主義の束縛から自らを解き放った結果生み落とされたのが、ロンシャンの、ラ・トゥーレットの、あの混沌とした世界なのではないか。

揺れ動く自身の心に引きずられるように、その不安と緊張のなかで、無限の可能性を求めつづけたコルビュジエ。その創造への姿勢こそが、建築家の、資格なのかもしれない。

一〇代後半の時分から三〇余年、悪戦苦闘しながらもなんとか建築を続けている。手がけてきた一つ一つの仕事について、むろん、思いはそれぞれに異なるが、二〇世紀を代表する素材である鉄・ガラス・コンクリートを用い、厳格な幾何学を構成において遵守するという手法は一貫している。「誰にでも開かれたもので、誰にもできないものをつくる」。それは、単純な構成のなかに、複雑な空間を実現する」。それは、部分から全体に近づいていくような日本建築にはない、西洋建築の本質にある理性、建築概念の強さを、自らの建築において実現する試みであり、同時に近代建築のめざした普遍性という名のもとの画一性の壁を超えようとする試みであった。

しかし、作風に目に見えて変化が現れないせいだろうか、時折、私の建築について、非常に頑迷にひとつの形式にこだわりつづけている、というような評価を聞くことがある。迷いもなく、ひとつの道を突き進んでいるようだと評してくれているのだろうが、それはまったく違う。むしろ、建築の過程においては、人並み以上に迷いと不安がつきることのないのがほんとうだ。

建築とは、ある計画概念のもと、さまざまな段階で、全体と部分とのあいだで応答を繰り返し、一つ一つ決定を与えていく作業だと私は考えている。そのとき、まず当初のコンセプトを最後まで貫くのが、難しい。諸条件を整理していくなかで、概念との矛盾、曖昧さが、必ずどこかに現れてしまう。

また、その概念設定においてさえも、必ずしも首尾一貫しているとは限らない。理念のうえでは建築概念の一貫性、完結性、明晰さを求めていても、いざ具体的に建築に向かおうとすると、なかなか割り切って、理屈を超えた自らの思いを捨てきれない。徹底的に幾何学的整合性を追求しようとする一方で、突如空間を大きくゆがませてみたり、明るく、光に包まれた透明性の実現をコンセプトとしながら、突如闇に沈むような、不透明な空間に気をとられてしまったり。つねに迷い、試行錯誤を繰り返している。

とりわけ、私には、何か地層下にでも向かうような、沈み込む闇の空間を求める傾向が強い気がする。これまでかかわってきたプロジェクトを振り返ってみても、地層空間ともいうべきコンセプトのものが少なくない。ガレリア・アッカ、コレツィオーネのような小規模なものから熊本装飾古墳館、近つ飛鳥博物館、直島コンテンポラリーアートミュージアムのような大規模建築に至るまで。一九八八年の中之島プロジェクト〈地層空間〉、九六年の大谷石劇場計画などは、文字どおり建物のいっさいを、地下に埋め込んでしまった地下建築だが、勝手に構想した計画案だからこそ、より強く、私の無意識の情念のようなものが、前に出ている。この傾向は、程度の差こそあれ、住吉の長屋以前の仕事から、現在進行中のプロジェクトに至るまで、すべての私の建築に潜んでいるもののように思う。

この不定形な闇の中に揺らめくようなかたちなき建築のイメージと、厳格な幾何学的構成による、明晰で完結性の高い建築、それらのせめぎ合いのなかで、私の建築はでき上がっている。この闇の空間への指向性は、言葉で説明することのできない、私自身の肉体から発せられるものである。

それは、ひとつには自らの生い立ち、生まれ育った生活環境に起因するものかもしれない。ガラス工場、木工所、鉄工所などがひしめき合う、大阪下町、そこにある棟割長屋の一角で、私は育った。


長屋とは、いわば必要から導き出された、都市住宅の原形ともいうべき住居形式である。それは、住まいに必要な日照、通風、緑などが最小限に抑えられても、それでも都市に集まって住みたいという、人々の意志から生まれたものだ。

大阪では、だいたい敷地の間口が二〜三間、奥行きが七〜八間くらいで、玄関に土間、それに二つか三つの部屋がつながった東西に細長い平屋、というのが一般的なものだ。これが狭い敷地にひしめき合うように並んでおり、ところどころに路地はあるものの、基本的に隣家との隙間はない。当然、部屋の中には昼間でも光が差し込まず、中央の部屋などは、つねに真暗闇といってよい状態にある。

長屋住まいを振り返ったとき、思い浮かぶのは、ほの暗い闇の中に包み込まれ、溶け込んでいくような空間感覚である。現代の、明るく、空調も行き届いた住環境に慣らされた人には想像しにくいかもしれないが、幼いころから長屋住まいであった私にとって、家が暗く、狭いのは当たり前のことであった。

本を読む、何か書くなど、強く光が必要なときは、そのとき光が差し込んでいるところへ、移動すれば事足りる。時間とともに移り変わるかすかな光を、無意識に追い求めるように、日々をすごした。わが家には、小さなオープンスペースとして西向きの後ろ庭があったが、一日のうちのほんの一瞬、そこから差し込む陽の光はとても美しいものであったのを、いまも鮮明に覚えている。

日本の建築空間の本質を闇としてとらえ、その陰翳こそが空間であるとしたのは谷崎潤一郎の、有名な『陰翳礼讃』である。日本特有の美意識を見事に描き表したこの小論は、私より前の世代の建築家などにも大きな影響を与え、多くの建築家がその言葉を好んで引用した。私も、友人の薦めで谷崎の本を手にとり、自分なりに日本の伝統について、理解を深めるよい機会を得た。日本建築文化批評として、これ以上のものはいまもなかなか思い付かない。

しかし、私のいう闇の空間と、『陰翳礼讃』のなかで描かれているそれとでは、やや意味が異なる。私にとって〈闇〉とは、谷崎のように知的に評価対象とできるようなものではない、自らの身体と深く結び付いた、身体と一体化した存在であった。「昔の御殿や妓楼など……」のような、伝統的な座敷で、はんなりと愛でるものではなく、大阪下町の長屋の一角での、あくまで現実の生活のなかでの、必然ともいうべき空間体験だった。だからこそ、この〈闇〉の感覚は、自分が思っている以上に、強く、深く、心の奥底まで浸透している。

四〇年余り、長屋暮らしを続けた。一〇年ほど前に、事務所との連絡を考え、近くのありふれたマンションに移ったのだが、いまでも、心に安らぎを覚えるのはやはり、薄暗い闇の中だ。

建築家には誰しも繰り返し反芻し、立ち返る原点があるといわれる。コルビュジエにとってのそれは、地中海、その紺碧の空と海を背景に輝く、真っ白の集落の風景、白い漆喰壁が連続し、一体化した光景であった。私にとっては、この闇の空間感覚こそが、生涯引きずっていくべき、原風景なのだろう。

建築家として、建築の仕事にかかわる限り、私はこの光と闇のあいだで、明晰さと曖昧さのあいだで、理性と肉体化された記憶のあいだで、応答を繰り返し、考えつづける。最後はどのようなところで、建築を考えているだろうか、自分でもわからない。

二〇歳《はたち》になるかならずで建築をはじめて、いつも自分に「建築とは何か、建築に何ができるのか」と問いつづけてきた。その答えは、おそらく、見つからないままだろう。われわれにできるのは、それぞれ与条件の異なるプロジェクトの一つ一つに対し、極限まで考え抜いて、そのたびに個別の解答を見つけ出すこと、一つ一つを精一杯つくり上げていくこと、ただそれだけである。

あんどう・ただお／建築家

●——建築は美しい

技術と芸術の融合

佐々木睦朗

建築の美とは

「美とは何か?」。この根源的な問いに対して、誰もが納得できる回答を与えることはおそらく不可能である。「建築の美とは何か?」と言い換えてもまったく事態は変わらない。なぜならば、そもそも「美」なるものの定義や証明など本来あり得ないからである。ただ少なくとも言えることは、美は私たちに快い印象を与えるものであり、喜びの感情を引き起こすものであるということである。美しい自然に包み込まれたとき、美しい都市や建物を訪れたとき、美しい絵画や彫刻に出会ったとき、私たちはごく自然に心がなごみ、喜びの感情で心が満たされることを知っている。この感覚は理屈では説明できないものであり、また説明する必要もないことである。ここに自然美への感覚が太古から続く人類共通のものであるのに対して、人為的な文明や文化に属する美への感覚は時代や民族、あるいは個人の好みや価値観に応じて異なり本来相対的なものである。

建築における美は後者に属する代表的なものであり、文化としての建築をめぐるある程度の知識や教養がないと、一般の人たちにとってほんとうは理解しづらい問題なのかもしれない。したがって、建築の入り口に立ったばかりの読者は、とりあえずこれまでの建築体験や本、写真、映像などの情報を通して知っている建物のうち、どのようなものに愛着を覚え、それを美しいと感じているのか、頭のなかに思い描きながら一緒にこの問題を考えてもらいたい。たとえば、日本人ならたいていの人が知識として知っており、修学旅行などで実際に訪れたこともあるであろう江戸初期の二つの名建築、桂離宮と日光廟の建築美について考えてみよう。

哲学者の和辻哲郎は、桂離宮論の序論において次のように言っている。

「この建築（桂離宮）は日光廟と時を同じくして製作されたものであるが、その日光廟と桂離宮とは、同時代の建築として同じ時代様式を示しているどころか、およそ建築として考えられる限りの最も極端な反対様式を示しているように見える。日光廟はあらゆる技術を悉く注ぎ込んで装飾に装飾を重ねたもの、言いかえればこれでもかこれでもかというように飽くことなく美を積み重ねることによって最上の美が作り出せると考えた態度によって作られたのであるが、桂離宮はちょうどその反対に、できるだけ装飾を捨て、できるだけ形を簡素にすることによって、かえって最上の美が現れるとする態度によって作られたものである。したがって日光を結構とか美しいとか感ずるような人びとの間から桂離宮のようなものは生まれてこないであろうし、桂離宮を美しいと感ずるような人びとの間では、日光廟のようなものは到底作る気になれなかったであろう。それほど異なった二つの様式が、同じ時代に、しかも接触がなかったとも思えない人びとの間に、出現したということは、いったい何を意味するのであろうか」

この和辻による的確な論説が示すように、人々が建築において培ってきた美意識や造形感覚はそう簡単に変わるものではなく、同じ時代にあっても人によって建築に対する美意識が極端に異なるものであることが理解されよう。また、和辻は建築における装飾の有無の問題を中心にして議論を展開しているが、これは同時に、過去の伝統的な様式建築の装飾美を否定して、装飾のない建築の美しさを求めた二〇世紀初頭の西欧における近代建築運動の理念につながる問題でもあった。建築の美における装飾の肯定・否定の問題は、現代においても本質的な建築的課題であり、さすがに近代日本を代表する哲学者・和辻は建築の門外漢にもかかわらず客観的な視座から問題の核心を鋭く指摘している。

ひるがえって私たち建築の専門家はこの問題に対してどのように対応しているのであろうか。総じて専門家は、自らの立場にウエイトをおいてものごとを解釈し言及することが多い。したがって、建築の美についてある人は哲学や芸術など形而上学的に、ある人は様式や文化など歴史主義的に、ある人は科学や技術など客観主義的に、またある人はもう少し総合的に、それぞれの立場を優先して相対論的に語ることが許されるにすぎない。このように私たち専門家ですら、建築の美について絶対的視座から語ることは大変に難しいことである。つまり、この問題は個人的な価値観（主義や趣味）、あるいは時代や社会背景に応じていかようにも変容しうるものであり、決して絶対論で語れるような代物ではないということである。だからこそ美は建築において、永遠に問われつづけるもっともチャーミングなテーマなのかもしれない。

もともとアート（Art）という言葉は、語源をたどれば技術と芸術の両方を意味しており、したがってオーソドックスな解釈において「技術は芸術である」ということができる。一方、建築の語源であるアーキテクネ（建築）のテクネは技術を、アーキテクト（建築家）のテクトは技術者を意味しており、接頭語のアーキはそれらを総括する偉大なもの、または人のことを指していた。つまり、建築の芸術はもともと建築技術を意味するものであったし、また逆に言えば建築の技術は建築芸術そのものであった。この関係は現代においても基本的に成立することであり、建築における芸術と技術が弁証論的に統合された結果として、建築における美はあくまでも結果としてのみ現実のかたちとなって生み出されるのである。

このように建築における美は、技術を徹底的に使うことによって技術自体が芸術に転化するところから生まれるというのが筆者の基本的な立場であり、これは芸術と技術が目的と方法のあいだの弁証論的な関係にあるという基本的な考え方によるものである。以上のような次第で、建築構造の一専門家である筆者が建築の美しさについて総論的に語れる由もないが、ここでは技術と芸術（構造と建築）の統合という視点から建築の美をとらえ、建築の歴史上エポックとなった代表的な建物についてこの問題を具体的に考えてみよう。

古典建築における技術と芸術

本論に入る前にまず最初に、建築がどのようなプロセスでつくられるのか、そのプロセスについて簡単に説明しておこう。ある目的のために建物をつくる必要に迫られた人（施主）は、その予算やプログラムを整理して建築家（建築意匠に構造や設備を含めた設計の専門集団）に相談する。建築家はプログラムを専門的に解釈し直し、建物の機能を整理してプランをおこすと同時に、安全で快適な建物が実現できるような構造や設備のシステムを考え、美しいデザインに仕立て上げていく。そして予算を考慮しつつ、これらを具体的な設計図面に示して施工者（実際に建設を請け負う専門集団）に手渡す。施工者はこの設計図面に基づいて建物を完成させる。以上が古今東西変わることのない建築的な営みのすべてである。

ここで注目してほしい点は、建築を考えるうえにおいて、建物の機能と技術（構造＋設備）と美しさが基本的な建築要素になっていることである。古代ローマの大建築家ウィトルウィウスは、「建物を考えるときは用・強・美の関係について考慮すべし」と建築について簡潔に定義を与えている。現代的に言い換えれば、「建築においては機能と構造と美しさという三要素の調和のとれた関係が大切である」と言っているのであり、これに設備を加えれば現代でも成り立つ究極の定義であろう。これらの要素は基本的には独立しているけれど相互に強く関係し合っている。なかでも建築の実体そのものである構造は、建物の機能や美しさに対してダイレクトに影響を与える決定的な要素であり、とくに構造と美しさとの関係は表裏一体の関係にあると筆者は考えている。このことは現代建築においても言えることであるが、技術的な制約のより大きかった古代ギリシアの建築、たとえばパルテノン神殿（紀元前四三八年）のように西洋建築の最高規範とされた古典建築において、それはいっそう顕著に表れている。

古代ギリシアの民主主義を確立した政治家ペリクレスは、民衆が築いた都市国家の象徴であり栄光の証となる建物を、アテネの丘・アクロポリスに建設する必要性を説いた。その建物こそパルテノン神殿である。建設推進者ペリクレスの命のもとに、総監督で彫刻家のフィデアスと建築家のイクティノスが建設にあたり、大理石の神殿と黄金と象牙で覆われたアテナ女神像を完成するのに十数年の歳月と莫大な資金を要している。完成時のパルテノンは、彫刻はもとより軒や三角破風などが極彩色に装飾されたものであったといわれる。

パルテノン神殿はいま廃墟である。祭神であるアテナ女神像はもちろん、屋根や天井も跡形もなく失われ、神室の壁や柱、軒回りの損傷も著しく、彫刻も剥ぎ取られて、完成当時とは想像を絶するほど無残な姿を晒している。それにもかかわらず、いまなお私たちにこの美しき廃墟はさまざまなメッセージを投げかけている。装飾を剥ぎ取られ裸にされたこの白い大理石の構造物は、力強くて繊細、高貴で凛然としており、圧倒的な存在感で建築の美と真実を訴えかけてくる。理知的で洗練された美を実現するために結集された凄まじいエネルギーは、いまの廃墟となった外観（構造）からも十分に読み取ることができる。美を生み出すものは部分と全体との幾何学的な調和であると考え、構造各部の寸法や配置について、ある一定の比をもつ幾何学的な関係のシステムを確立して全体を構成している。

パルテノンの構造は、基本的には大理石の石片を空積みしたもので、柱の上に梁をのせるだけの単純なマグサ構造（柱・梁構造の原型）であるが、構造的に強度と安定性を保ち合理的で最適な部材配置がなされている。構造材料としての大理石は軟らかくて力を吸収しやすく応力集中がおきにくい性質をもつ。円柱のドラム（石片）どうしの接触部には木製のダボが使われ

西洋建築の最高規範とされたパルテノン神殿

アクロポリスの復元図(G.P.Stevensによる)

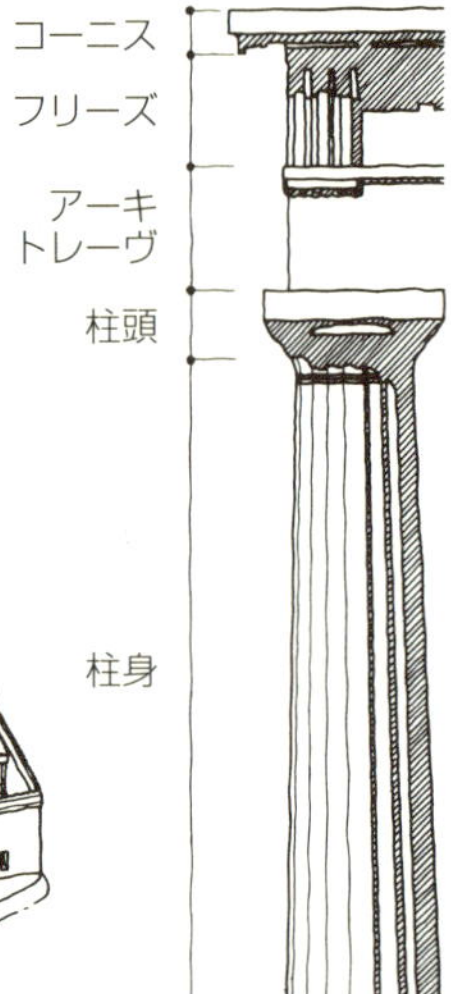

柱の各部名称(ドリス式)

ており、驚くべきことに地震力のような横力に対してドラム間にズレが生じてもダボが力を分散し変位を許しながら構造破壊を防いでいるのである。パルテノンの構造は一見すると単純そうに見えるけれど、このように使用する構造の材料特性と力学特性を十分に考慮したものであり、石造建築に対する高い技術をもった構造となっている。

もうひとつ驚くべきことに、この大理石の構造には至るところにリファインメントと呼ばれる微妙な曲線や柱の傾斜が見られる。視覚上の錯覚を修正したり、建築に人間的な生気を与えるためと思われるけれど、これを実現するためには数学的な厳密さと繊細な感覚にまして、気の遠くなるような労力と時間が必要であったろう。そのいくつかを紹介しよう。

その一：柱の立つ土台（基壇）は短辺三〇・八六m長辺六九・五一mに対して、中央でそれぞれ六・五㎝、一二㎝とわずかに上にむくっている。これによって土台の中央が窪んで見えることを修正している。ただし、このため梁や屋根までむくりが影響している。

その二：柱の直径は脚部で一・九m、頭部で一・四八mと先細りになっており、さらに中央部にエンタシスと呼ばれる二㎝ほどのわずかな膨らみをもっている。また表面には二〇条のフルーティング（溝）が彫られている。長さ一〇・四三mの円柱に視覚的な緊張感、優美さ、繊細さを与えているが、石片の断面は高さ方向にすべて異なる。

その三：柱はまっすぐ立っておらず内側に約七㎝ほど傾斜している。視覚的な安定感をもたらしているが、前述した土台のむくりおよび柱の先細りと膨らみがあるので、厳密には柱の断面はすべて違うものとなり、その加工や施工には大変な精度と技術が必要となる。

このように建築、すなわち構造の美しさを生み出すために、ほかにもいろいろな工夫が見られるが、いずれにせよ当時の技術的制約のもとに、これらを完全に遂行することは至難の技であったろう。美の実現に注がれたエネルギーにはただただ圧倒されるばかりである。いまは廃墟となり大理石の構造だけが残されたパルテノンほど、建築における構造と美しさの関係を雄弁に語る建物を筆者はいまだ知らない。パルテノン神殿はまさに石の技術と芸術が統合された石造建築の最高傑作である。古代ギリシアの美と英知の象徴として、もっとも美しい神殿中の神殿、西洋建築の古典中の古典として時代を超えて語りつづけられる由縁である。

近代建築における技術と芸術

1　近代のモニュメント―エッフェル塔

近代以前は建築を取り巻く社会構造はきわめて単純であり、建築家は全能の創造者として芸術家でありエンジニアでもあった。産業革命以降の近代社会になると状況は一変し、建築が専門分化した結果、建築家とエンジニアは職能として完全に分業化され今日に至っている。そして、現代では技術の進歩が建築の存在形態を変え、その結果として建築における美のあり方（芸術）も変わるということは広く周知のことになっている。長い建築の歴史において、建築の美（美に対する感性）が時代や社会とともに変容するものであることを劇的に示したエポックとして、ここでは近代におきた建築の美意識の一大変化について考えてみよう。

産業革命、あるいは市民革命以後のヨーロッパを中心とする近代合理主義思想は、普遍的な科学的思考を生み出す精神的母胎であり、その応用の術であるエンジニアリングと工業を飛躍的に進展させることになった。そしてエンジニアリングや工業の進展は、これまでの石や煉瓦などの天然材料に替わって鉄やコンクリートなどの工業的材料を用いた新しい建築、すなわち近代建築を登場させることによって過去の様式的な建築スタイルを一変させることになった。

一八世紀後半には蒸気機関の発明により、銑鉄（高炉で製造される鋳鉄）の大量生産が可能となり、鋳鉄製のアーチ橋で有名なアイアンブリッジが建造されている。一九世紀初頭には鉄道が出現し、資本主義の発展とともに都市への人口集中がはじまると、これまでにはない大スパンの駅舎、工場、温室、博覧会場など新しい用途の建築物が必要となった。それを契機に製鉄技術は鋳鉄（キャストアイアン）から錬鉄（ロートアイアン）へ、そして一九世紀後半には鋼（スティール）へと急速な発展をとげ、近代的な工業材料として、これらの新しいタイプの建物の建設に積極的に利用され、大スパンの建造物を短期間のうちに合理的・経済的に建設することをいっそう可能にしたのである。

ここで注目すべき点は、これらの新しい用途の建物の設計がいわゆる芸術家としての建築家ではなく、すべてエンジニアによるものであったということである。一八五一年のロンドン万博における鉄とガラスを用いた水晶宮（クリスタル・パレス）はその代表的な例であり、設計者であるジョセフ・パクストン、チャールズ・フォックスはそれぞれ造園技師、鉄道技師であり、ともにすぐれたエンジニアであった。当時の建築界はまだ古典的な伝統様式に基づいた建築美学が主流であり、機能的で合理的なエンジニアリングの生み出す建築を美学の対象とすることには大きな反発があった。しかし、繊細な鉄骨とガラスを通して得られる光と透明感に溢れた大空間は、それまでの建築には見られない新しい質の建築美をもつ空間として人々を魅了し、次第に一般社会に受け入れられるようになった。このように一九世紀の半ばには、それまでの様式主義的な建築の美学とは異質のエンジニアリングの美学が新たに登場し、建築史上まれに見る「技術と芸術の葛藤」が生まれることになったのである。

技術の進歩によって建築において何か新しい出来事がおきるとき、芸術分野の人々はおおむね無関心を装うか、時として自己保全のために必要以上に攻撃的で過剰な反応を示すことがある。その典型的な例が、一八八九年のパリ万博でのエッフェル塔の建設時に巻き起こった芸術家たちの抗議文に見られる。生粋のエンジニアであるギュスターブ・エッフェルを生みの親とするこの塔は、周知のように今日ではパリのシンボルとして、また世界でもっとも美しいモニュメントとして広く世界中の人々に愛されている歴史的建造物である。今日における高い芸術的評価と当時の芸術家たちの過剰な反応との落差はきわめて逆説的なものであり、建築における美なるものが相対的なものであり時代とともに変容するものであることを端的に示している。以下にその抗議文の一部を引用し、ひとつの興味深い事例として紹介する。

「今日まで無傷のまま残されてきたパリの美に愛情を捧げる、我々作家、画家、彫刻家、建築家、美術愛好家一同は、あの無用にして醜悪なるエッフェル塔、良識と正義感にかられた公衆の敵意によってすでにバベルの塔と命名されたエッフェル塔を、我らが首都の中心部に建設することに対し、見くびられたフランス趣味の名において、危機に瀕したフランスの芸術と歴史の名において、全力をあげ大いなる憤激をこめてここに抗議するものである。……幾多の傑作を創造したフランスの魂は、厳かに開花した石の芸術の中に輝いている。……いまやパリ市は、異様なるものと、すなわちひとりの技師の金儲け主義の妄想と長期にわたって手を結び、回復不能なまでに自らを醜悪化し、自らの手で体面を傷つけようとするのであろうか。……その粗野な塊りによってノートルダム大聖堂、サント・シャペル、サンジャックの塔、ルーブル宮殿、廃兵院のドーム、凱旋門などを押し潰す、黒く巨大な一本の工場の煙突を思い描けば十分である。我々の全ての記念建物は侮辱され、全ての建築は貶められて、この唖然とするような夢の中に消え去ってゆくであろう。そして我々はボルト締めした鉄板で建てた醜悪な柱の醜悪の影が……（略）」（「芸術家たちの抗議文」一八八七年二月一四日ル・タン紙より）

このヒステリックなまでに攻撃的な抗議文の署名には、シャルル・ガルニエ（オペラ座を設計した建築家）をはじめ、その当時のフランス芸術院やボザールなどの著名な（権威的な）芸術家たちが名をつらねている。これに対してエッフェルはル・タン紙に反論の手記を掲載し、

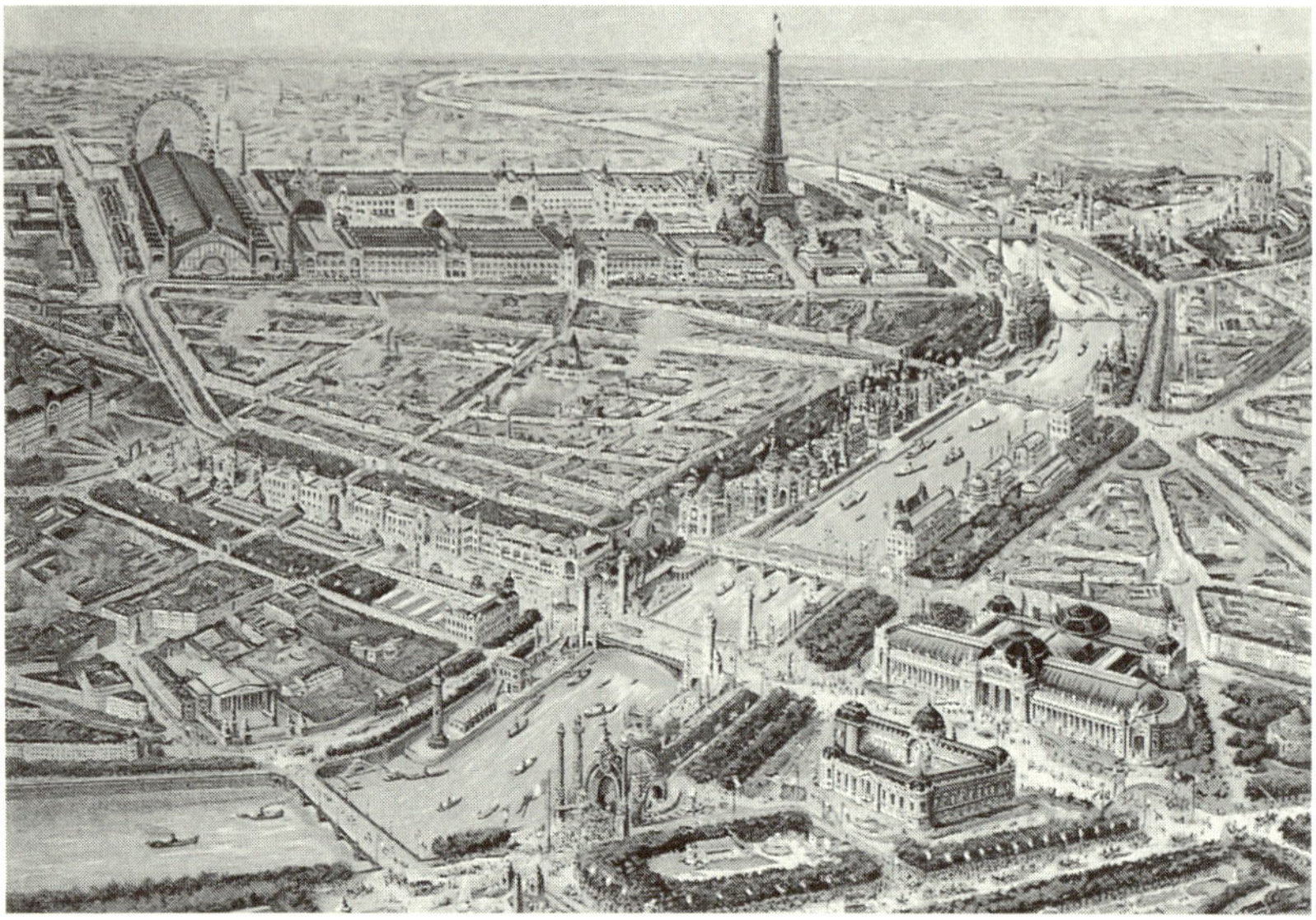

1900年パリ万国博覧会でひと際高く見えるエッフェル塔

もともとはフランス革命100年記念の万国博覧会（1889年）で建てられた

エンジニアの立場からこの鉄塔の機能美を擁護し、巨大な人工物が放つ技術美の魅力をあげている。なおエッフェルの主張にさらに付け加えれば、繊細なレースのような鉄塔の美しさは技術の装飾化によって強められている点に留意すべきである。このように建設当時は見慣れぬ鉄のモンスターと揶揄されたエッフェル塔であったが、その後ごく自然にパリの景観に溶け込み、今日では世界でも類いまれに優美な建造物として人々に親しまれていることを考えれば、まことに皮肉というべきか、美の創造者であるべき芸術家たちの抗議文はいったい何を意味していたのであろうか。

いずれにせよ、エッフェル塔に対する芸術家たちの抗議運動は、近代における技術と芸術の対立の様子をあらわに示した一大スキャンダルであった。伝統的な様式建築の教義や美学の枠内にとどまっていた建築家にとって、鉄やコンクリートなどの近代的材料や技術の成果は容易に理解できるものではなく、技術と芸術のあいだでさまざまな誤解や偏見による混乱を生み出していたのである。

2　永劫のカテドラル――サグラダ・ファミリア大聖堂

ここでは前述したエンジニアによる建築とは違うもうひとつ別の視点から、近代建築における技術と芸術の問題を論じるうえで省くことのできない二人の人物とその建築思想について言及しておきたい。

その一人が一九世紀のフランス合理主義の生んだ偉大な建築理論家、ヴィオレ・ル・デュックである。伝統建築の修復建築家でもあった彼は歴史学的な考証を行うだけではなく、構造合理主義の立場からゴシック建築の構造を徹底して分析し、ゴシックの建築（構造）原理そのものを明らかにしようとしたのである。彼によれば、構造合理主義の本質は構造と形態の一致であり、単純な原理の構造であると同時に美しい形態をもつギリシア建築、なかでもパルテノン神殿はその最高の規範であるとしている。そして、幾何学と構造こそ建築の出発点であり、幾何学的な形態は高貴さと明晰さをもつものとして徹底的に理論化し、建築に与えられた形態の美しさは幾何学の法則と構造原理の厳密な結果にすぎないとさえ述べている。そして、ギリシア建築を基本に据えつつ宗教的な高揚感を与えるための大規模な建築空間を構築するために、構造エレメントを高度に組織化することによって複雑な全体構造を組み立てるという、部分と全体との建築（構造）原理を体系的に展開したのがゴシック建築であるとして、中世のゴシック様式を近代的視点、すなわち構造合理主義の視点からあらためて再評価したのである。

近代建築の特性のひとつにピューリタン的な倫理性があげられるが、なかでも材料や構法に誠実であろうとする構造合理主義はその代表的なものである。このような構造合理主義を表明したヴィオレの代表的な著作『中世建築辞典』と『建築講話』は、一九世紀後半から二〇世紀初頭の前衛的建築家たちのバイブルとなり、たとえばフランスのオーギュスト・ペレ、オランダのヘンドリック・ベルラーヘ、ドイツのペーター・ベーレンス、アメリカのフランク・ロイド・ライト、スペインのガウディなど近代建築の黎明期に活躍した建築家たちに多大な思想的影響を及ぼしている。なお、近代建築の巨匠ミース・ファン・デル・ローエはベルラーへおよびベーレンスを師とし、ル・コルビュジエはペレを師として間接的にその影響を受けている。二〇世紀前半においてこれらの近代建築の巨匠たちは、近代技術の成果を自らの建築表現に積極的に取り入れることによって合理的で美しい建築作品を次々に生み出していったのである。

ところで、近代建築の主流となったミース、コルビュジエ、ライトなどとはまったく異なるかたちでヴィオレの思想を受け継いだ、特筆すべきもう一人の異端の巨匠がいる。スペインの生んだ天才建築家アントニオ・ガウディ（一八五二～一九二六）である。ミースやコルビュジエは知らなくてもガウディの名前は一般にも広く知れ渡っており、世界中の人々に今日これだけ関心をもたれている建築家も珍しい。有名なバルセロナのサグラダ・ファミリア大聖堂（ガウディの遺作であり現在も建設が進行中の驚異の建物）に見られるように、ガウディ建築において装飾の複雑さやシュールで摩訶不思議な造形は一般にもよく知られるところであるが、構造の合理性については案外と知られていないようである。バルセロナ建築学校でのガウディは、数学、とくに幾何学にすぐれた成績を残しており、また当時の最先端の構造力学や科学的知識を積極的に吸収しようとする進歩的な学生でもあった。なかでもヴィオレの構造合理主義に大きな思想的影響を受けており、建築家として歩みはじめてからもカタルニアの文化や民族的独自性などドロドロした情念のようなものを背景にしながら、それとは論理的には決して一緒にならない近代的な技術の問題、つまり構造合理主義と格闘しながら自らの建築をつくっていったのである。

ガウディの建築は奇怪な造形と複雑な装飾による表現主義、自然主義、構造合理主義など互いに矛盾する多面性をもち、ひとつの側面だけから全貌を語ることはできないけれど、ここではヴィオレから継承したガウディの構造合理主義の側面について考えてみよう。

ガウディはゴシック建築の構造的な均衡状態を細部にわたって研究した結果、ゴシック建築は推力を処理するために巨大な控え柱やフライイング・バットレスをもたざるを得ず、構造的には不完全なものであるという結論を得た。そして、推力の作用方向に一致する傾斜柱や放物線アーチのほうが力の流れも自然であり合理的であると考え、自らの作品においてこれらを積極的に使い出したのである。かたちに潜む構造の原理的な強さと安定性にガウディは強い関心をもち、それまでの伝統的な建築では美学的に好ましくないとされ、芸術的に低級とされたエンジニアリング特有の放物線形をあえて構造上合理的であるという理由で採用したのである。この時点でガウディは、ヴィオレの構造合理主義を継承しつつ乗り越えたのであり、有名な逆さ吊り構造模型実験の発想へとつながっていったものと思われる。

鎖の両端をもって吊るすと鎖には引張力だけが作用し、その自重によって自然につくり出される懸垂曲線（ほぼ放物線に近似した曲線）が得られる。この曲線を上下逆さまにすれば、構造的に不利な曲げ応力がまったく生じない、純粋に圧縮力だけが働く最適な構造曲線（フニク

1883年から工事の続く脅威のサグラダ・ファミリア大聖堂

ラ連力線）が得られる。この原理を三次元的な建築にはじめて応用したのがガウディの逆さ吊り構造模型実験であり、サグラダ・ファミリアのような複雑な建物について合理的な建築構造のかたちや表現を実験によって検証し、決定しようとしたのである。ガウディの連続的な回転放物面や双曲放物面を用いた三次元の幾何学と構造に対する先駆的な研究は、その後、ダイナミックな造形美をもつＲＣシェルで有名な構造家エドワルド・トロハやフェリックス・キャンデラなどにも大きな影響を与えることになった。

このように近代工学の素養を併せ持つガウディであったが、一方ではカタルニアン・ヴォールトと呼ばれる伝統的素材や工法に生涯こだわりつづけ、構造と装飾（技術と芸術）の統合をテーマに、カタルニアの歴史と風土にふさわしい表現による組積造の建築を徹底して追究したのである。その集大成としての建築こそサグラダ・ファミリアであり、そこには近代建築において捨て去られた装飾が構造と一体に融合し、豊かに息づいている様子をつぶさに見ることができる。ガウディの没後七五年経った現在も彼の遺志を受け継いで続けられている奇跡の建設現場と、そこを訪れる一般訪問者の人気の高さを見るにつけ、逆説的ではあるがガウディは近代を超越した遠大な建築的ビジョンとメッセージを未来に伝えることにもっとも成功した建築家であるように思われる。ガウディがこの建物で示したように、構造が要求する形態は美しいとする構造合理主義と建築には装飾的な美（文化や歴史を含めたイメージとしての建築の美しさ）が不可欠であるとする芸術主義の統合は、建築の美しさを議論するうえにおいてもっとも本質的な問題であり、現代の建築においても非常に重要な問題を投げかけている。

3　二〇世紀の神殿建築—ファーンズワース邸

エッフェル塔に端的に示された技術と芸術の対立の問題は、その後の二〇世紀の近代建築においても何度も繰り返しおきていることであり、近代という時代のもつ根本的な性格を表している。建築史家ユリウス・ポーゼナーは『近代建築への招待』という本のなかでその辺りの事情を明快に語っている。二〇世紀初期にはヨーロッパを中心にそれまでの伝統的な「芸術としての建築」を否定し、工業化という新しい時代にふさわしい「技術としての建築」を旗印とする近代建築運動が勃興し、機能と合理性を優先させた、装飾のない単純な形態と明快な構造による表現だけで美をつくり出す新しい気運が生まれた。近代建築運動の指導者の一人でバウハウスを設立したことで有名なワルター・グロピウスは、バウハウス校舎などにおいて鉄骨構造とガラスのカーテンウォールだけで構成されたシンプルな近代的機能美をもつ建築を設計しており、当時としては大変進歩的な建築家であった。このグロピウスでさえ鉄骨構造についてこう言っている。「理性による材料強度の算術計算は、本能が感じとる建築部材の幾何学的調和と本質的に異なる。構造形式と芸術形式は違うものだ」。

このように当初は鉄骨構造に対してある種の猜疑心を抱いており、計算上得られた鉄骨断面よりもっと太く表現したいという感覚を長いこと否定できなかったという。石や煉瓦でつくられたマッシブな様式建築に慣れた建築家たちの感性は、近代的材料や工学技術を用いて生まれる軽快でスリムな近代建築の美学になかなか容易には到達することができなかったのである。

その後、二〇世紀前半は近代建築のもっとも輝かしい時代を迎え、基本的に近代建築は鉄やコンクリートなどの工業材料によって組み立てられ、その建築表現は構造をはじめ近代技術とは本質的に不可分なものとして展開された。近代建築の三大巨匠と称せられるミース、ライト、コルビュジエらは、工業化社会の到来という新しい時代の息吹を全身で受け止め、瑞々《みずみず》しい感性で近代技術の成果を自らの建築表現に取り入れることによって、それぞれ独自の手法により数多くの美しい建築作品を創造したことで知られている。

なかでもミースは、抽象性の強いガラスと鉄骨の建築を徹底的に研究し、それにイデオロギーとして社会的・文化的意味を与え、独創的な芸術表現にまで昇華させることによって、近代建築の表現においてひとつの頂点を極めることになった。「レス・イズ・モア」なる名言を残し、近代を包括する空間概念として均質なユニバーサル空間を提案した建築家である。その思想を表現した代表的な作品がファーンズワース邸である。それは鉄とガラスでできた硬質な結晶体、まるで宝石のように美しい建築であり、全体構成からディテールに至るまで精密な比例感覚によって秩序づけられた、美しくてシンプルな鉄骨軸組構造によって完全な建築美を実現している。ファーンズワース邸はまさに鉄の技術と芸術が統合された鉄骨建築の最高傑作である。二〇世紀の時代精神の象徴として、小品ながら類いまれなる気品と崇高さを獲得した「二

8本のH型鋼に屋根と床のスラブを溶接したファーンズワース邸

均質なユニバーサル空間を試みた無柱空間の実現

○世紀の神殿建築」として今日でも高く評価されている。

余談ではあるがファーンズワース邸の外観は、建設された時代や場所、社会的背景、構法（木造と鉄骨造）などがまったく異なるにもかかわらず、美しくてシンプルな木造軸組構造によって完全な建築美を実現している桂離宮と審美的に非常によく似た印象を受ける。これはともに河辺に立つ別荘建築（神殿風建築）ということもあるが、むしろ抽象的な非装飾の美に徹した同質の創作態度のなせる技であろう。また、具象的な装飾の美に対して抽象化された非装飾の美は、近代および現代の建築の美を実現するうえでより一般的なものであることを追記しておく。

再び建築の美について

以上、建築史上エポックとなった建物をいくつか取り上げ、主に建築における技術と芸術の統合という視点から、それらの建築美の所在について各論的な分析を行ってきた。ここに取り上げた事例は必要最小限のものであり、建築の美しさを解説する事例として不完全であることは筆者も十分に承知している。ほかに取り上げたかった事例は、古典建築でいえば古代ドームの最高規範とされたローマのパンテオンをはじめ、ゴシック建築、ルネサンス建築などであり、近代建築でいえばダイナミックな造形的可能性をもつシェルやサスペンションなどの大空間建築などである。このことは世界には建築美の素材がそれだけ数多く現存することを物語っているのである。建築の美を求めて世界を旅することは筆者の夢であり、個人的にいずれ続編として完成させたいことではあるけれど、ここではとりあえず本稿の各論から得られたいくつかの知見を取りまとめ、それらに共通する歴史的事実を通して現代建築の美の行方についてごく簡単に言及するものとする。

和辻も指摘するように建築の美には二種類ある。すなわち、桂離宮に代表される非装飾の美と日光廟に代表される装飾の美という、二つの対極的な建築の美、あるいは建築に対する美意識が存在する。いずれをよしとするかはまったく相対的な問題であり、美に対する個人の好みや価値観、あるいは感性に応じて自由に判断すればよい。ただし、第三者に説明可能なそれ相応の判断基準をもつことが重要である（ちなみに筆者の場合は、非装飾の美にウエイトをおきつつも両者を許容する立場を選択し、その判断基準を建築における技術と芸術の統合の達成度という点においている）。

まず古典建築における事例としてパルテノン神殿を取り上げ、建設時には装飾と一体になり完全な建築美を誇ったパルテノンが、装飾を剥ぎ取られ裸の構造物となった今日においてもなおかつ完全な美しさを保っている理由を明らかにすることによって、石造建築において技術と芸術の統合の達成度のもっとも高い建築であること、装飾の美と非装飾の美のいずれをも許容する類いまれなスケールの大きな美しさを備えた建築であることを示した。ついで近代における技術と芸術の対立の事例としてエッフェル塔の建設時のスキャンダルを取り上げ、建築や建造物の美しさの評価がいかに相対的なものであるかを示した。そして近代建築における技術と芸術の統合の事例として、サグラダ・ファミリア大聖堂とファーンズワース邸を取り上げ、前者が構造合理主義と複雑な装飾の美の統合をめざす近代では奇跡的な建築であること、後者が近代建築において鉄骨技術を独創的な芸術表現にまで昇華させた技術と芸術の統合の達成度のもっとも高い建築であることを示した。

以上、いずれの事例においても共通することは、建築の美しさは技術と芸術の統合の結果としてのみ実現され、美の実現へ注がれたエネルギーに正しく比例するという歴史的な事実である。これは二一世紀を迎えた現代建築においても同様にいえることであり、そのような建築の美しさを実現することは筆者のみならず現代に生きる建築関係者すべての究極の夢であろう。実際に筆者がかかわったひとつの事例、たとえば二〇〇一年に建設された「せんだいメディアテーク」（伊東豊雄の建築設計、筆者は構造設計担当）では少なくともそのような類いの建築の美の実現をめざしたつもりである。ただし、この建物が美しいか否かはそれこそ自由に判断されるべきことであって、むしろさまざまな意見や批評を受け入れるべきひとつの最新事例として考えていただきたい。本稿で具体的に論じたように、建築の美については歴史のみがその真実を語りうるものである。また、そうであるからこそ美は建築における永遠のテーマとなりうるのである。

ささき・むつろう／名古屋大学教授・構造家

●――建築を結ぶ

人間のもつ豊かさの多様な発露としての建築

松村秀一

産業と生活を結ぶデザイン

人間にとって建築とはどういうものなのか。ここでは、建築が人間にとって重要な何かと何かを《結ぶ》もので、そこにこそ価値があるのだというふうに説明してみようと思います。《結ぶ》というキーワードからまず私が連想したのは、建築が産業と生活を《結ぶ》デザインだということです。

たとえば、ごくふつうの住宅。誰かの生活を支えることになるその住宅は、いったい何人ぐらいの人たちによってつくられていると思いますか？　一〇人？二〇人？　それとも三〇人？いやいや、そんなに少なくはありません。正直に言うとはっきりはわからないのですが、少なくとも三〇人では足りません。

まず、住宅の建設現場で働く職人さんたちの種類だけで、すぐに三〇くらいにはなります。みなさんが知っていそうな職人さんたちだけでも、大工さん、左官屋さん、建具屋さん、畳屋さん、瓦屋さん、水道屋さん、電気屋さん、ガス屋さん等々という具合です。この人たちがそれぞれに二人ずつ作業をしに来たら、それでもう六〇〜八〇人くらいにはなってしまいます。

それに、住宅をつくっているのは建設現場に出入りする職人さんたちだけではありません。大工さんが組み立てる柱や梁といった木材は、どこかの製材業者の手で所定の断面、所定の長さの木材に加工されたものですし、もともとその木はまた別の林業関係者の手で育てられたものです。しかも、その人たちがすべて日本国内の人とは限りません。畳だって、建設現場に出入りする畳屋さんが一から一〇までつくっているわけではありません。畳表は国内だと熊本の、国外だと中国のイグサ農家の人がつくったものである可能性が高いですし、縁は国内最大の産地、岡山県の専門業者が大量生産したものでしょう。畳表の下に隠れている畳床は建材メーカーの大工場で製造された化成品かもしれません。つまり、建設現場に出入りするそれぞれの職人さんたちの背後では、もっと多くの人々が住宅の部分をつくる仕事に従事しているわけです。だから、ごくふつうの住宅がいったい何人ぐらいの人たちによってつくられているのかと聞かれても、正確には答えられないのです。

さて、この話からみなさん気づかれたと思いますが、ひとつの建築をつくるのには、じつに大勢の人々、多くの種類の産業が、場合によっては国境を越えてかかわっています。そして、建築をつくることの面白さは、プロジェクトごとに、「今度のプロジェクトでは、どこのどんな技術をもった産業にどの部分をつくってもらおうか」と、自由に構想することができる点にあります。いつも決まった組み合わせで仕事をしているわけではないのです。

例をあげてみましょう。二〇年ほど前に亡くなった人ですが、いろいろと面白い建築をつくったバックミンスター・フラーというアメリカ人がいました。フラーは、球状をした独特のドームの建設方法を考案し、世界中の何千という数のドームがこの方法で建設されたことでも有名ですが、このドームを発明する以前には、先端的な科学技術の力を地球上のすべての人々の住生活に役立てるには、どうすればよいかという問題に長いあいだ取りつかれていました。三〇歳代前半だった一九二八年ごろから、先端的な科学技術を取り入れた住宅のスケッチを幾種類も描いていていました。

フラーが一番こだわっていたのは住宅全体の軽さです。当時もっとも進んだ工業力をもっていたアメリカで住宅を構成する部品をつくり、それをコンパクトに梱包して飛行船や航空機で世界中に輸送しようというのが、フラーの構想でしたから、軽さが重要だったわけです。実際フラーのスケッチを見ますと、住宅の床や屋根、外壁をジュラルミンなどの軽量アルミ合金でつくろうとしています。しかし、これらの材料は航空機産業では用いられていましたが、建築の世界ではまだ用いられていませんでした。しかも、フラーの住宅の設計は、まるで機械の設計のように、精密な部品を組み立てるかたちのものでしたので、当時建築にかかわっていた産業にできるような代物ではありませんでした。そこで、この構想の実現にあたってフラーが考えたのは航空機産業の利用です。

幸い第二次世界大戦が終わると、それまで軍用機を生産していた航空機産業の生産能力に余剰が生じました。フラーは、ある航空機メーカーを説得し、長年温めてきた「ダイマキシオン居住機械」の構想を実現しました。一九四七年のことです。残念ながら、このプロジェクトは商業的には成功しませんでしたが、本来人々の日常生活とは縁もゆかりもなかった産業と、人々の生活を《結ぶ》デザインの例としては、夢のある例だと思います。ちなみにこの住宅は、

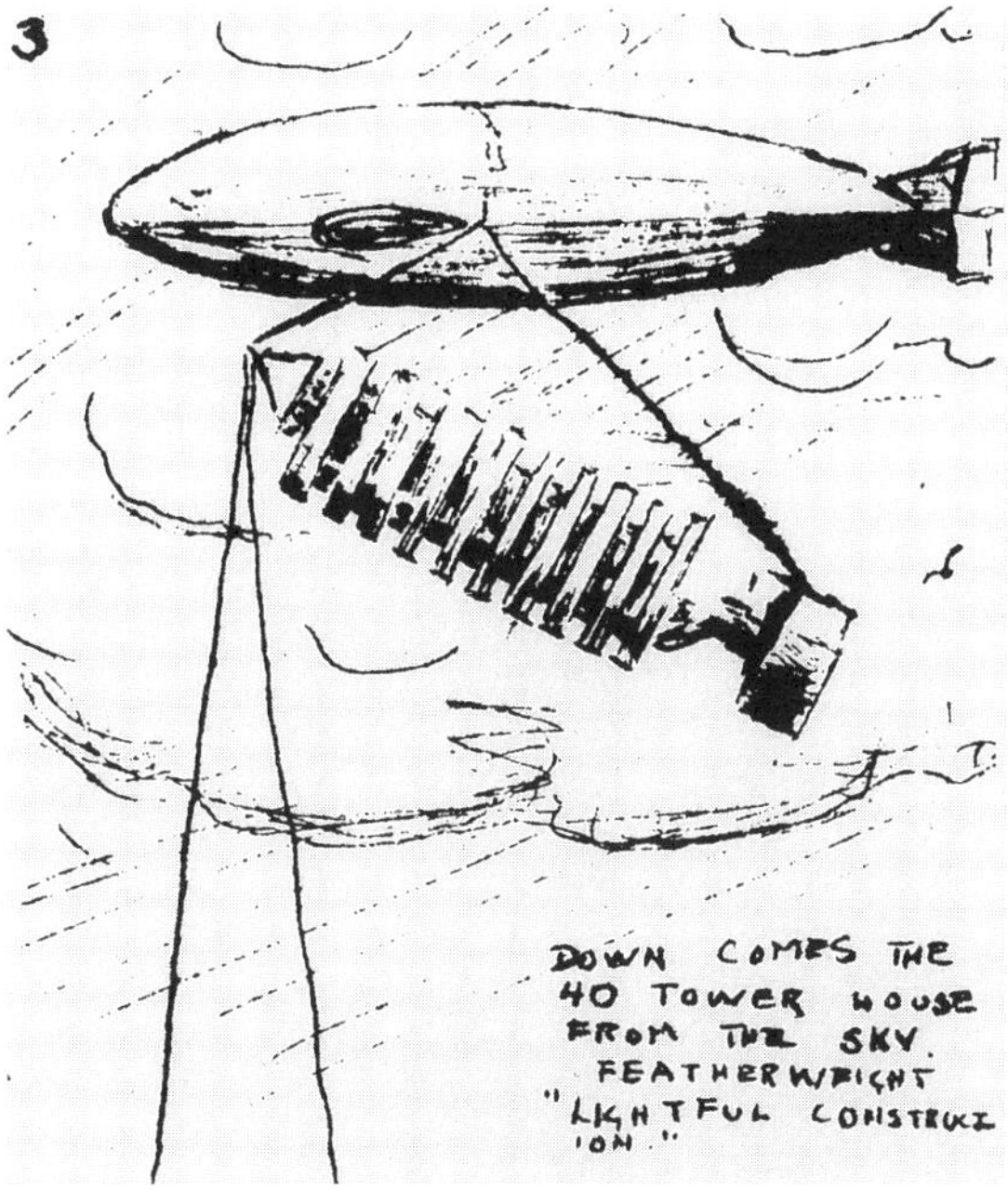
3
DOWN COMES THE
4D TOWER HOUSE
FROM THE SKY.
FEATHERWEIGHT
"LIGHTFUL CONSTRUCT
ION."

バックミンスター・フラーの4Dハウス。4Dとは4次元思考のこと。10階建ての住宅を飛行船で世界中に運ぶという大胆な構想（1928年ごろ）

バックミンスター・フラーのダイマキシオン居住機械（1947年）

アメリカのヘンリー・フォード博物館で再建プロジェクトが進んでいますので、機会があればぜひ見てきてください。

もちろん、産業と生活を《結ぶ》デザインといった場合、いつもフラーの例のように、先端的な産業を人々の日常生活に結び付けることばかりがテーマになるわけではありません。決して先端的とは言えないけれども、これまでとは違うかたちで伝統的な産業と生活を結び付けることも、建築デザインの興味深いテーマのひとつです。たとえば、衣類にしか用いられてこなかった織物産業に力を貸してもらうとか、従来食器にしか利用されなかった焼き物の技術を応用するとか。とくに、建築は一般の工業製品とは異なり、ある特定の土地に立ち上がりそれっきり動きませんから、その土地ならではの伝統的な産業の力を借りることが、刺激的なテーマになり得ます。それがまた、その土地にしかない建築デザインに結実することがあるからです。

環境と個人を結ぶ器

建築をわかりやすく説明するのに、外界の厳しい気象条件や外敵から人々の生活を守る器だという言い方があります。たしかにもともとはそうです。けれども、現在の建築を説明するのにこれだけでは不十分なような気がします。というのも、いまでは単に外界の気象条件や外敵から人々の生活を守る器というのにとどまらず、その器の中での生活をいっそう快適にするためにいろいろと便利な機械や道具を取り入れ、それを動かすのに外界からエネルギーなどを引き込むようになっているからです。電気、ガス、水、こうしたものを外部から引き込む装置をつけた器と言ったほうが正確でしょう。

外界から人々の生活を守る器という言い方が不十分なのは、何もここで指摘したように説明としてていねいさに欠けるからというだけではありません。現在の器としての建築は、中での生活を快適にするために多くのエネルギーを消費し、また汚れた水や空気を外に排出しています。そのことで外部の環境に対して少なからぬ影響を与えるようになっていますから、中を守るだけではなくて、ある意味で外を攻めもする器になってしまっているのです。もちろん、大昔から器の中で火や水を使い、なんらかのものを排出してきましたが、外界に与える影響はいまとは比べ物にならないくらい小さなものだったでしょう。

いまや建築はエネルギーや水を大量消費する端末機器のようなものになっていると言えるかもしれません。さらに言えば、この端末機器は大量のゴミまで排出します。この建築という器へのインプットとアウトプットを考えると、外と内とを隔てる器という側面よりも、外の環境と内にいる個人とをよい意味でも悪い意味でも《結ぶ》器という側面が強調されてもよいような気がします。

「建築が外部の環境に対してほんとうにそれほど大きな影響を及ぼしているのかな。そうは思えない」という声も聞こえてきますが、エネルギー消費を例にとると、物品の生産と人やものの運搬に使用するエネルギー以外は、すべて建築という器の中で消費されており、日本の場合それが最終エネルギー消費のじつに四分の一以上を占めているのです。家庭でのエネルギー消費の内訳を見てみますと、冷暖房による消費が二分の一強を、給湯による消費が三割以上を占めています。ある意味では、快適な室内環境をつくるために外部の環境を食っている状態とみなすこともできます。

ただし、こうした状態は建築側の工夫で改善することが可能です。外の環境と内にいる個人を《結ぶ》と言ったのは、この器次第で外と内の、環境と個人の関係を変えられるからです。たとえば、同じような室内の温熱環境を実現するのにも、冷暖房にかかるエネルギーは器のあり方次第でかなり大きく変わります。壁や屋根に断熱性の高い材料を豊富に用いて、外部環境から室内の温熱環境への影響を減らす方法がよくとられていますが、自然の熱をうまく取り入れて、室内を冬はより暖かく、夏はより涼しくなるように工夫する方法も考えられます。これは、「パッシヴ」な手法と呼ばれますが、日中の太陽熱を窓や屋根から取り入れて蓄え、夜になるとその蓄えた熱を放熱させるように器を設計することが可能です。これなどは文字どおり「外と内の《結び方》のデザイン」という感じでしょう。

もちろん建築という器を介しての環境と個人の結び付きは、エネルギー消費という側面に限定されません。もうひとつの大きな事柄として内から外に出す排水、ゴミ、廃棄物があります。一度浴室などで使用した水を、さらに便所などで使う中水利用の工夫や、生ゴミを肥料に変えるコンポストの設置などの器の設計上の工夫も見られますが、最近では建築という器自体を取り壊す際に出る廃棄物の処理が大きな問題になってきています。

今日の日本では、建設廃棄物の排出量が年々増えており、産業廃棄物の排出量全体の二割以上を占めるに及んでいます。現在の建築は、さまざまな工業材料を複雑に組み合わせるかたちでできているのが一般的ですから、ゴミとしての建築の処理は少々厄介です。なかには再資源化や再利用の可能な材料がありますが、複雑に組み合わさっている場合、これらをほかの材料と分別して回収するのは容易なことではありません。ただ、このことに関しても、建築の設計時にできる工夫はいろいろとあります。

ひとつは、できるだけ長期にわたって使用できるよう工夫しておいて、建築がなかなかゴミにならないようにするという方法で、「ロング・ライフ・ビルディング」などと呼ばれています。いまひとつは、分別回収が容易なように各部の納まりを工夫するとともに、再資源化が可能な材料を用いるなど、使用する材料の選択に注意を払うという方法です。

いまの建築界では、この二つめの方法に関連して、建築の主要な構造部分に用いられる三大材料、木、鉄、コンクリートの優劣についての議論が盛んになってきています。それぞれの専門家が自分の得意とする材料の応援演説をするというかたちでの議論です。たとえば、木材の専門家は、木が大気中の二酸化炭素を吸収し内部に炭素原子を固定した材料であるから、これを燃やすことなく長期に使うことは地球環境にとってきわめて重要だと主張しますし、鉄鋼の専門家は、スクラップ鉄を電炉で溶融して再資源化するなど、鉄ほどリサイクルされている材料はほかにはないと胸を張ります。コンクリートの専門家も、それをつくるのに必要な石灰岩などの材料には枯渇の心配がないし、コンクリートを砕き、もう一度コンクリートの原料として利用することは可能だと対抗します。

いずれにせよ、建築を、環境と個人を《結ぶ》器としてとらえ直す視点は、いまもっともホットなものだと言えそうです。

世代と世代を結ぶ空間

先ほど「ロング・ライフ・ビルディング」という言葉を使いましたが、あえてそう言わなくても長もちしている建築は世のなかにごまんとあります。数十年はおろか数百年、なかには一〇〇〇年以上も立ちつづけている建築が存在します。たとえば奈良。一〇〇〇年以上も前に造営された法隆寺や東大寺の伽藍を訪ね、人々はいにしえの都に想いを馳せます。また、そのような旅に出なくとも、いまは亡き曾祖父さん曾祖母さんの時代に建てた家に住んでいる人も大勢いることでしょう。このような建築のあり方は「世代と世代を《結ぶ》空間」という言い方で表すことができそうです。

世代と世代を《結ぶ》空間のなかには、法隆寺や東大寺のように、そこで展開される人々の行為が基本的に変わらない場合もありますが、一般に人々の生活は時代とともに変化しますから、世代から世代へと受け継がれた空間が同じような使われ方をしていくとは限りません。各世代の事情から、受け継がれた空間に対してなんらかの変更や工夫が施され、それが地層のように積み重なっていったり、以前の世代が思いもよらなかった使い方で受け継がれた空間の新しい可能性が切り開かれたりするのも、世代と世代を《結ぶ》空間としての建築ならではの面白さです。

先日ニューヨークへ行ったときのことです。世界の金融の中心と呼ばれるウォール・ストリートの周辺を歩いていると、そこここの超高層ビルに「フォー・レント」（貸部屋あり）の看板がかかっていました。どれも金融関係の企業が入るオフィスビルだったはずですから、こんな看板がかかるのはおかしいと思い、一軒の超高層ビルに入ってみました。すると、中にはマンションのモデルルームのような部屋があり、そこにいる女性がパンフレットのようなものを手に微笑みかけてきます。聞けば、何十年にもわたってオフィスビルとして使われてきたこの超高層ビルの中身を高級賃貸マンションに変えたのだということでした。看板のかかったまわりの超高層ビルもすべて同種のものだということがあとでわかりました。

どうやら事情は次のようなものです。もともとこの地域は世界有数のビジネス街として栄えてきました。ですから、長らく夜間人口は少ないけれども昼間人口の多い街として知られてきたのです。ところが、近年のＩＴビジネス環境の発達に伴って、金融関係の企業の本社がウォール・ストリートのそばになければならないという考え方が薄らいできました。もっと自然に囲まれた広々とした空間でＩＴ環境を駆使したビジネスをしていてもよいではないかと考える人が増えてきたのです。実際、遠くに本社を移転する企業が出てきました。そのため、オフィスビルの空室が増えただけでなく、街全体の昼間人口も減ってきました。夜間人口がもともと少ないうえに昼間人口まで減ってしまうと、この街は経営的にも困ったことになってきます。税収が減るのに反して、治安を維持するのにかかる社会的コストが増えてしまうのです。そこで、ニューヨーク市はある決断をします。空室の増えたオフィスビルを住宅化し、昼間人口ではなく夜間人口を増やそうという決断です。その住宅化を促すために、オフィスビルの改造にあたって、オフィスを住宅にする場合に限り工事費に課税しないという政策をとりました。この政策が見事的中、建設後何十年をも経た超高層オフィスビルが、次々に高級賃貸マンションに改造されていったのです。もともとこの街は利便性の高い場所ですし、超高層ビルから見える景色は抜群です。ここに住みたいという人は決して少なくありません。

二〇世紀前半の歴史を彩ったマンハッタンの摩天楼のいくつかは、このような興味深い機能上の変化を伴いながら、世代と世代を結んでいるのです。

日本ではこれまで、世代が代わると建物を取り壊し建て替えてしまう「スクラップ・アンド・ビルド」というやり方が一般的でしたが、最近では、廃校が芸術家たちのアトリエに姿を変えたり、都心の銀行の支店ビルの中身がレストランに変わったり、バブル期に建設された社員寮が高齢者の居住施設に転用されたり、と大胆な変化を伴いながら建築空間が世代と世代を結んでいる例がいくつも見られるようになってきました。これからは世代と世代を《結ぶ》空間としての建築の価値がより大切にされる時代になってくるのかもしれません。

さて、建築の場合、でき上がったものだけでなく、それをつくり上げる行為自体が世代と世代を《結ぶ》ということも十分にあり得ます。建設そのものが人生より長いことがあるからです。小規模な住宅の場合などではめったにありませんし、金融機関から建設資金を借り入れて建設されている場合にも金利負担を考えるとおこり得ないことですが、かつてのヨーロッパの教会建築などでは建設に一〇〇年以上の歳月をかけた例はいくらもあります。

有名なところではローマにあるサンピエトロ大聖堂。なんといってもこの建築空間の見せ場は、大聖堂の中央にかかる巨大なドームと、大聖堂の前に広がる広場の長円形のコロネードですが、かたや一六世紀の天才芸術家ミケランジェロ（一四七五〜一五六四）の計画によるもの、かたや一七世紀の天才彫刻家ベルニーニ（一五九八〜一六八〇）の手になるもので、構想、建設ともに世代など軽々と超越しています。

今日建設中のものとしては、世紀末の建築家ガウディがバルセロナに建設しはじめたサグラダ・ファミリア大聖堂が興味深い例です。一八八二年に着工し、ガウディは死去するまでの四三年間設計施工にあたりましたが、生前に完成したのは地下祭室と東側のキリスト降誕のファサードのみ。じつは今日も建設工事は続行中で、ガウディを敬愛する多くの職人が完成をめざしてなお精力を傾けています。まさに世代と世代を《結ぶ》空間の構想です。

サンピエトロ大聖堂の前に広がるコロネード

現在も工事が続くサグラダ・ファミリア大聖堂の部材置場

文化と文化を結ぶ様式

建築はそれ自体大地に固定されて動きませんし、その土地の人々の生活全般と密接な関係をもっていますから、ある地域や時代に固有な文化の影響を色濃く反映するものです。ただ、でき上がる過程で、ある地域や時代固有の生活様式や文化の影響を受けたとしても、でき上がってしまえば、その建築に現れる特徴はほかの地域や時代でも写し取ることができるものになります。このようにでき上がった建築に現れるある地域や時代固有の特徴のうち、ある程度まとまったものを「様式」と呼びます。そして、そうした「様式」が確立すると、それはほかの地域や時代でも適用することができるようになり、一種の流行《はや》りもののように地域や時代を超えて流通することがあります。建築様式はある地域や時代の文化の反映として確立するものですから、この場合ある文化がほかの文化のなかにかなりまとまったかたちで流入していくことになります。

明治維新後の日本では、欧米の列強と肩を並べる近代国家になることが目標とされ、西欧文化の吸収が早いスピードで進められました。そのなかでも、多くの人の目にとまり、多くの人が体感できる建築は重要な役割を果たしました。西欧の建築様式をもち込むために欧米からお雇い建築家やお雇い技師が招かれ、そうした人たちの一人、イギリス人のジョサイア・コンドルは、新しくできた工部大学校造家学科（現在の東京大学工学部建築学科）の教育を任されました。辰野金吾をはじめ、若く有望な日本人建築家は渡欧し、直接かの地の建築様式を体得したうえで、近代的な施設を次々に設計しました。瓦屋根の木造家屋が軒を並べる当時の都市のなかに、石造や煉瓦造の西欧式建築が立ち現れたわけです。異なる文化の流入がこれほどわかりやすく認識できるかたちはほかになかったでしょう。

こうした例の数々を思い起こすと、建築が文化と文化を《結ぶ》様式として機能するという側面を指摘しないわけにはいかなくなります。ただし、ある文化的土壌のなかで確立された建築様式が、必ずそのままのかたちでほかの文化をもつ地域や時代にもち込まれるとは限りません。もち込まれた地域や時代の文化の影響を受けて、様式になんらかの変化、方言的な変形と言ってもよいようなものが見られることもあります。むしろ、こうした方言的な変形のほうが一般的で、そのままのかたちでという例のほうが珍しいかもしれません。このように文化と文化の結び付け方が一方通行的でないところも、建築の面白いところでしょう。

私はいま鉄筋コンクリート造の集合住宅の一室でこの文章を書いていますが、この私の家などもある様式の方言的な変形の代表的な例です。そもそも、鉄筋コンクリート造による多層の集合住宅という建築様式自体、ヨーロッパで確立しその後日本にもち込まれたものですが、私の住む集合住宅には押し入れや襖、障子のついた畳の部屋がありますし、浴室はヨーロッパと違い浴槽の外で身体が洗えるようになっています。

隣の韓国に行っても同じような集合住宅はありますが、和室の代わりにオンドルという床暖房の入った韓国独特のホールがあり、台所の脇にはキムチを保存する小部屋があります。また、台湾に行けば、日本と同じ地震国でありながら鉄筋コンクリート造自体の様子が変わってきます。日本では、外壁を構造躯体と一体化し、鉄筋コンクリートでつくるのが一般的なのに対して、台湾では柱だけを鉄筋コンクリート造として、外壁は煉瓦やブロックなどほかの材料でつくることが多いのです。

台湾の建築に鉄筋コンクリート造という技術が導入されたのは、台湾が日本の統治下にあった時代です。近代的な建築様式とともにこの技術をもち込んだのは日本の建築家や技師でした。当時は、日本でも鉄筋コンクリート造が黎明期にあり、壁面では、柱だけを鉄筋コンクリート造とし外壁を煉瓦などでつくる方法が、両者を一体化した鉄筋コンクリート造とする方法と並立していました。当然、台湾にも両方の方法がともに導入されました。しかし、一九二三年の関東大震災で柱と外壁を一体化しないつくり方の建築が大きな被害を受けるや、日本では規準が見直され、以後柱と壁を一体化した鉄筋コンクリート造とするつくり方だけが用いられるようになりました。ところが、このとき台湾の規準や設計法は大きく変えられなかったのです。勢い、煉瓦などが安価に入手できることもあり、台湾では日本で廃れた方法のほうが普及していったのです。いまでは、あまりの違いに、台湾におけるこの技術のルーツが日本からの技術導入にあることを思い出す人はほとんどいないでしょう。これなどは、建築様式を通じた文化と文化の結ばれ方が、一方通行的でないことを示す興味深い例です。

さて、さまざまなメディアが、文化と文化の一方通行的な結び付け方を推進し、資本と商業の国際化が世界の人々の生活様式を均質なものに導いているように見える今日、建築の多様性を導くこのような様式の方言的な変形がそここで生じ得るのか、またそもそもある地域、ある時代に固有な建築様式などというものがこれまでのように自然に生まれ出てくるのか、はなはだ心もとないところがあります。しかし、すでに述べた建築の三つの存在意義を思い起こせば、いささかの期待は抱けそうです。

「産業と生活を結ぶデザイン」としての建築は、世界の人々の生活様式が均質なものに導かれる動きに対して抵抗する可能性と力を秘めているでしょうし、「環境と個人を結ぶ器」としての建築は、土地土地の固有な条件に対応した多様なあり方にこそ合理性を認めることになるでしょう。また、「世代と世代を結ぶ空間」としての建築は、それ自体がその場所に固有性を生み出す契機になるはずです。そして、ここに「文化と文化を結ぶ様式」としての建築が柔軟に絡まり合うとき、建築は、これまでどおり人間のもつ豊かさの多様な発露として、生き生きと存続していくにちがいありません。

まつむら・しゅういち／東京大学助教授・建築構法・建築生産が専門

密林の奥には何がある

●——建築は広い

内藤　廣

建築という分野の広がりを書くことが私に課せられた役割だ。でも、限られた分量のなかで、その裾野の広さを書くことなど不可能に近い。それほど建築という分野は多岐にわたっている。考えあぐねた末、大前提を示したうえでごく一端から入って、どのようなことが見えてくるかを示して、この分野の広さを感じてもらうことにする。ただ、あまりに広く、それも奥が深いからといって、この道に分け入ることを決してあきらめないでほしい。やっているうちになんとかなる。

建築を志す人は、熱帯の密林に入り込む探検家のようなものだと思ってほしい。密林は果てしなく広いが、そこには生命の饗宴があり、ときたま驚くほど美しい風景が開けることもある。広がりを知る謙虚さがあれば、その道を行く術や直観は自ずと備わってくるものだ。

社会は建築をつくり、建築は社会をつくる

二〇世紀初頭、地球の人口は一四億人ぐらいだった。一〇〇年後の二一世紀初頭、六三億人の人たちが暮らしている。この一世紀で四倍強増えたことになる。この本を読んでくれている若い人たちが老年を迎える五〇年後、世界の人口は九〇億人を超える。人によっては、一〇〇億を超えるのではないか、という人もいる。現在の東京の二倍から三倍の三〇〇〇万人規模の巨大都市が、アジアや南米に加速度的にきわめて短期間のうちに多数出現するはずだ。大変な時代の入り口にみなさんは立っている。

一方、わが国の人口はどんどん減っていく。五〇年後には七割程度になり、一〇〇年後には現在の半分になると予測されている。世界中が人口爆発で苦しむなか、少なくなるのだからよいではないか、と考えがちだが、事はそう簡単ではない。人口が半分になれば、現在、都市の郊外に広がっている宅地を維持していくことは難しくなるだろう。宅地があれば、道路、上下水道、電気など、インフラストラクチャーと呼ばれている社会基盤が必要だ。こういうものは、当然耐用年限があるので、それを維持するための持続的な投資が必要となる。それができなくなったとき、郊外は成り立っていかなくなる。都市部にコンパクトに住む方策を見い出さないと、近い将来、行政は社会基盤の投資に耐えられなくなるだろう。また、多くの人が都市に住もうとするのだから、過疎地が広がっていく。山野は打ち捨てられたまま荒れ果てていくかもしれない。

さて、どうするか、というのが、われわれが取り組んでいる基本的な問題だ。もちろん、こんなことに明快な結論など出ないし、われわれの世代だけで解決のつくものでもない。みなさんにも同じように与えられ、課せられた課題だといえる。いや、生きる年数の少ないわれわれよりも、むしろみなさんが生きる時代のみなさん自身の課題なのだ。他人事ではなく自分のこととして、自分が生きているあいだに顕在化する問題として向き合ってほしい。

建築にできること

このことに対して、建築はいったい何ができるのだろうか。できることには二つの側面がある、と思っている。

ひとつは、拡大する状況の変化を物理的にどのように支えていくかという側面。これは、建築をつくるうえでの技術や法律などの社会の制度にかかわっている。どのような技術が開発されているか、どのような技術をもってすればよりよい環境がつくり出せるか。また、そのためにはどのような社会的な約束事をすればいいのか、というのが制度の問題だ。

もうひとつは、建築は日常の生活を支えているのだから、心の問題があるだろう。どのような空間をつくり出せばいいのか、どのようなかたちを建築に与えたらいいのか、というのは大切な問題だ。それによって技術や制度のあり方も変わってくるからだ。そうした意味で、建築は文化や哲学や心理学とも無縁ではない。また、建物が建てられる場所について考えていけば、歴史についてもかかわりをもたざるを得ないことがわかる。

ともかく、建築がかかわる分野は広い。建築は、さまざまな分野が行き交う交差点のような場所だ。

世のなかを見るのぞき窓

建築とは、目に見える身のまわりすべてだ、ということができる。われわれは、朝起きてから夜寝るまで、そして寝ているあいだも、建築に囲まれて暮らしている。誰もが生まれる瞬間から建築とかかわっている。そして人生を生き、死ぬ瞬間もたぶんほとんどの人が建築とかかわっているだろう。そう考えると、それを設計し尽くすということに絶望的な気分になることもある。あまりに膨大なことを処理しなければならないからだ。

建築という分野は広い。世のなかにある何もかもが建築とかかわっている。建築というのぞき窓から世のなかのほとんどのことを見ることができる。技術、芸術、哲学、政治、制度、歴史、環境、なんでもだ。だからこののぞき窓は、小さいかもしれないけれどかなり視界の広い、視野の広い窓だ。

建築というのぞき窓からどんな風景が見えるか、試しにどんなことが見えてくるかやってみよう。話は散漫でまとまりのないものになるかもしれない。遠くの景色から近いところまで、大きいものから小さいものまで、あるときは双眼鏡で、あるときは顕微鏡で、ともかく建築から見える大きな景色を散策する感じで、この世界のほんの一部に入り込む道案内をしてみたい。道案内といっても気紛れな散策なのだから、みなさんをどこに引っ張りまわすかわからない。しばし私の気紛れにお付き合いいただきたい。

建築はさまざまな材料でつくられる

建築にはさまざまな材料が使われている。鉄、コンクリート、ガラス、木、タイルや瓦などの焼き物、プラスチック、接着剤などの化学材料、布など、数え上げればきりがない。建築をつくり上げるのには、そのどれもの性質についてある程度は知っていなくてはならない。もちろん、どの材料にも精通することなど不可能に近い。人に許されている一生の時間ではとても足りない。

それぞれの物質については、それぞれその分野に精通した専門の人がいる。実際にものをつくっている職人や高度な知識をもった専門家や研究者だ。その人たちの知恵を借りながら、建築家は設計を組み上げる。それでも、それぞれの分野の人たちから教えを乞うたり、やり取りしたりするには、ある程度の知識が必要だ。ある程度の知識をもっている者、知識の奥深さを謙虚に受け止めている者にのみ、それに生涯をかけてきたような専門の人たちは情報を提供してくれるのだから……。

たとえば木について

たとえば、木のことについて考えてみよう。まず、杉の柱を思い浮かべてほしい。木造住宅ならどこにでもよく使う材料だ。身近にある、もっともポピュラーな材料だ。この柱からどんなことが見えてくるかというところから、散策をはじめてみることにしよう。

手はじめに単純なことから入ることにする。まず、柱でも何でもいい、手近にある杉の木材の年輪をまじまじと見てみる。年輪の幅が小さければ生育の遅い寒い地方から採れた木だし、幅が広ければ暖かい地方から採れた木であることがわかる。

日本では用材として使われていないが、シベリアの杉材を見たことがある。それは、ふつうわれわれが杉だと思っているものとは、似ても似つかぬ木目をしていた。年輪の幅が一㎜ぐらいしかない。酷寒の地で育った木は、一年にほんの少ししか成長できないからだ。見るからに硬そうな材料だった。一方、高知や宮崎といった温暖な杉の産地から採れたものは、生育が早く、木目の幅が広い。だから軟らかい。それほど強い材料ではないが、その代わり、値段が安くて加工しやすい。材料全体を見ても、赤身といわれる芯の部分が表面にどぎつく見えてくることが多く、室内の見えるところにはふつうはあまり使われない。室内に出てこない柱や床下や小屋裏の下地として使われる。

杉自体の色味も場所によって微妙に違う。とくに、用材として切り出されてしばらく時間が経過すると、空気にふれて色が変化する。その場所の土壌に含まれている成分が酸化されて色に反映される。鉄分が多ければ赤みを帯び、ほかの金属が多ければ、場合によっては黒ずむこともある。

さて、そこから山のことを思い浮かべてみる。

現在の山の風景をつくる杉の木立ち

風景と木材との深い関係

いま、われわれが見ている山の風景のほとんどは、戦後に植林された杉や檜だ。戦争で焦土と化した日本を再生させるには、住宅などの部材をつくる建築用の材料、つまり杉や檜の大量増産が不可欠、と考えられたから、どこもかしこも至るところに杉や檜を植林した。

しかし、里山といわれている集落近くの山は、もともとは村の生活を支えるためのさまざまな木が育成する森だった。薪に使う木、工芸品をつくるための木、山菜を採るための森など、そのあり様もその土地なりにさまざまだった。その土地の地質や形状に即したものであったことは、いうまでもない。海の近くの山では、漁師が漁の道具として使うさまざまな種類の木が植えられていたそうだ。海に浮かぶ軽い木、櫂《かい》に使う磨耗しない硬い木、じつにさまざまな種類の実用に即した木が漁で使われ、そうした材料を持続的に供給するさまざまな樹種が育成する森が保持されていた。

ふつうわれわれが目にする山の風景は、どこもかしこも杉や檜といった針葉樹が植えられているが、ちょっと昔を思い浮かべてみれば、まったく違った風景だったのだ。針葉樹は広葉樹と比べて緑の色が濃い。黒々としているといってもよい。だから山の印象が暗い。そう考えてくると、歴史的な古典で描写されている自然とは、われわれが現在目にしているものとはずいぶん違ったものであったことがわかる。そのなかに出てくる森とか山は、いまとはまったく違った様相を呈していたにちがいない。

ゆがんだ生態系

戦後の復興をめざして至るところが杉や檜の森ばかりになってしまったわけだが、このことがいくつもの大きな問題を引き起こしている。もちろんそれだけが理由ではないが、杉花粉症がこれほど蔓延《まんえん》したのは、山が杉ばかりになったことも大きな一因であることはたしかだろう。余談だが、杉がこんなに花粉をまき散らすのは、大気汚染が原因だと考えている人もいる。環境が悪くなっているのだから、杉だって生き延びようとする。できるだけ子孫を繁栄させるために花粉をまき散らそうとするわけだ。

これだけ偏った植生になってしまった山が、本来あるべき自然の生態系に戻るのにどのくらいの年月が必要なんですか、というようなことを植物学の専門家に聞いたことがある。はっきりとは言えないけれど二〇〇年ぐらいはかかるんじゃないか、という答えだった。いまのままで放置をすると、密生しているなかで生き残るものとそうでないものとが選別される。それに一〇〇年。その段階で、残った木は巨木になる道を歩み、倒れた木は、次の土壌や植生をつくる養分となる。そこからさらに一〇〇年もすれば、その場所に適した針葉樹と広葉樹の混合した森ができるのではないか、という説明だった。

でも、事はそう簡単にはいかないだろう。雨が降ったとき、山は一時的に水を溜める役割を果たしている。もし、山に一本も木が生えていなかったら、降った雨水はいきなり谷を下り、川に流れ込んで洪水を引き起こしてしまうだろう。針葉樹の森は、広葉樹林より一般に保水力が低いといわれている。それでも、雨水を一時的に溜める役割を果たしていることはたしかだ。針葉樹林の生態系の選別の過程で、山がいったんは荒れてしまうことが予想されるが、それが多大な自然災害を人家にもたらすとすれば、放置したままで二〇〇年もすごすわけにはいかないはずだ。

政治から決まることもある

政府は、地球環境への二酸化炭素を規制する京都議定書に署名をした。二〇〇八年から五年間のあいだに二酸化炭素の平均排出量を一九九〇年比で六％削減すると、国際的に約束したことになる。その削減目標を達成するための諸策のなかで、木材が重要な役割を果たしている。木は、二酸化炭素を吸い、酸素を放出する。言い方を換えれば、二酸化炭素をその体内に固定している、といえる。森林が多ければ、それだけ二酸化炭素が空気中に放散されないで、木の中に固定されるのだ。森林の絶対量の重要性は、この観点から論じられることが多い。さらに、人間が使う材料として木材を使っていけば、二酸化炭素の固定量は増えることになる。もちろん、使うために切ったところには木を植えることを前提としていることはいうまでもない。日本のような、杉や檜といった用材中心の森は、間伐をし、下草を刈り、年数が経てば伐採するというような管理をしながら、社会のなかで循環させていかなければ保持できない。

政府が目標としているのは、一九九九年に二〇〇〇万㎥であった木材使用量（伐採量）を二〇一〇年までに二五〇〇万㎥まで増やすことだ。森林が炭素固定に適した状態に整備されたうえでそれが達成されれば、二二九二万kgもの二酸化炭素が固定されるという。要は、木材の使用量を増やし、住環境のなかにもプールしていくことをめざしている。ただ、これを達成するためにはさまざまな問題が控えている。

現在、国内産の木材が使われる割合はきわめて少ない。いくつかの林産県で聞いたところ、住宅などの需要の八割程度が安価な輸入材で占められているということだ。国内産の木材は、二割しか使われていない。アメリカやカナダなどでは、広い土地に計画植林をし、大径木を切り出してくる。きわめて効率的で合理的だから、急峻な山岳地に植林を広げた国内林業では価格的に競争できない。

また住宅など、木材を使う側にも問題がある。阪神・淡路大震災以後、木造の倒壊家屋の写真が流布し、木造の耐震性の弱さが指摘された。その影響もあってか、近年、ハウスメーカーがシエアを大きく伸ばした。私も震災直後、被災地へ足を運んだ。その経験からすると、壊れた建物は、壊れるべくして壊れた、という印象が強い。とくに、全壊した木造の建物は、一階の開口部が広い店鋪併用住宅などで、木造本来のルールを度外視して建てられたものが多かった。木造でも、ちゃんとした処置をすれば、丈夫な建物ができる。木材需要を伸ばすためには、そのことをもっときちんと流布していく必要があるだろう。

木は山河のすべてと関係がある

戦後、山の植林と軌を一にして、河川の改修整備が急ピッチで進んだ。洪水がおこらないよう、水をいかに効率よく海まで流すか、ということに躍起になって、堤防を築き、河床を整え、土砂の流出を防ぐ砂防堤防を至るところにつくった。このあたりは土木の話になる。いわば、河川の整備は、保水力の低い針葉樹林が増えるなかで、それを補うかたちで行われてきた、といえなくもない。自然の改変の追いかけっこだ。

いま、戦後ずっと続けられてきたこうしたあり方に疑問が突き付けられている。根本のところで自然とのバランスをとっていくことが求められている。いうまでもなく、ダムや河川改修といった水系のあり方を問い直すことは、そのまま山のあり方、森のあり方を問い直すことにつながる。ここまで来ると、環境の問題に足を踏み入れることになる。森林学、植物学、エコロジーや生態系、といった分野が見えてくる。さらに山の木をどのように切り出し、加工し、木材という実際に使える材料にし、建物などに使うまでの経路を考えれば、流通や経済といった分野が見えてくる。

木材の技術開発を急がねば

ずいぶん話が遠くまで行ってしまった。杉のことに話を戻そう。杉は生育が早く、五〇年もすれば用材になる。だから年輪の幅が広く、軟らかい。一般に、軟らかい木は、虫を遠ざけるエキスをもっている。ひと昔前、桐ダンスというのがどこの家にもあった。嫁入り道具の代名詞だった。木は、軟らかい自分の体が虫に食べられてはたまらないから、自己防衛の手段をちゃんともっているわけだ。木も木なりに考えている。人間は、その性質を巧みに利用して、タンスに使ったりするわけだ。杉にも除虫効果がある。だから、重要文化財の収蔵庫の内装などに使われることが多い。

ひと口に杉といってもさまざまなものがある。それぞれの地域で育成に工夫が凝らされ、それをもとに産業として育っていった。宮崎県の日南に飫肥《おび》というところがあって、ここのオビ杉は、油分が多く、ねばりがあるので、船の用材として広く用いられてきた。京都の北山杉は木目が整っていて美しく、室内の見えるところの化粧材に用いられている。ひと口に杉といっても、性質にさまざまな幅があり、それによって用途も異なる。

杉と檜では、それぞれ育つのに適した土壌が違う。かつては、杉地、檜地、というように適地を選んで使い分けていたという。戦後の植林では、そういうことはおかまいなしに、どこでも売れるもの、補助金の出るものを植えていった。現在、急峻な山の奥の奥までこうした植林で埋め尽くされている。立地の悪いところに植えているのだから、間伐をしたりする山の手入れも困難をきわめる。効率も悪い。当然、それだけ費用もかかる。この山をどうするか、自然をどうするか、これからいくつもの知恵を出していく必要があるだろう。

木造は美しい

よく見かける在来工法の木造の建物の上棟。骨組みだけが組み上がっている状態を見かけたことのある人は多いだろう。あれを見るたびに、在来木造の技術はすごい、と思う。コンクリートの基礎ができ上がった状態で軸組を組み上げるわけだが、よほど大きなものでない限り一日で作業は終わる。事前に必要な部材を加工しているから、組み立てるのはきわめて短時間で終わる。一般に、在来工法と呼ばれている木造の構法は、江戸時代の初期に町家の技術として確立されたものだ。それまで築城や神社仏閣、特権階級のための建物などに使われてきた木造の技術を、広く一般の人たちの住まいをつくる技術に仕立て上げたものだ。木材の太さや長さの規格、組み手などの仕口、架構の仕方など、たゆまぬ技術開発がなされた末に、生み出されたわれわれの文化の貴重な財産といえる。われわれはその恩恵を何百年も受けつづけてきたのである。

その特徴をひと言でいえば、標準化、ということだろう。規格が標準化されているがゆえに、いろいろな応用も展開も可能になる。どんなに複雑な土地のかたちでも、標準化された技術の範囲内で建物をおくことができる。こんなに繊細で完成度が高くて一般化された技術は、世界に類を見ない。

しかし一方で、建築家たちは、この完成度の高い技術的遺産の上にあぐらをかいてきた。木に関する新たな技術開発に対して、近年まで思考停止の状態だった。鉄やコンクリートの技術は目覚ましく進歩したのに、木が見直されてきたのはこの一〇年といってもよいだろう。環境問題やシックハウスが世のなかの関心事になり、木という材料が見直されてきたからだ。いくつかの新しい材料が世のなかに出回るようになって、その技術開発がようやく話題になりつつある。新しい木の時代が到来するにちがいない。四〇〇年前の大工さんたちがその時代の知恵を集めて、高いレベルで木の技術を完成させ、広く一般に使えるように育て上げたのと同じ状況にいる、といっても過言ではない。

新しい木材が出番を待っている

新しい木材が市場に出回るようになってきている。その代表格が「集成材」だ。二㎝から三㎝ぐらいの幅に木材を切りそろえて張り合わせたものを、みなさんも見たことがあるだろう。テーブルやカウンター、階段の踏み板などによく使われている。無垢の木材を厚板で使うと、木の目の性質が出てきて、捻れたり反ったりする。それをうまく手なづけて使えるようにするのが、大工さんや建具さんや家具職人の腕の見せどころだった。ところが集成材では、細かく張り合わせた材料の断片が木のもつそうした性質を打ち消し合って、捻れや反りが現れにくい。無垢の木で大きな材料を入手するのは大変だが、集成材ならいくらでも大きな固まりをつくることができる。最近では、構造材として使われる機会も多くなってきている。

これまで集成材は、値段が安く、品質も安定していて強度も期待できることから、米松が使われることが多かった。米松は、アメリカやカナダの大径木で、同じマツ科だが、トガサワラ属といって、日本の松とはずいぶんと異なる樹木だ。

ところが近年になって、わが国の山の問題が大きく取り上げられ、間伐で切り出された小径木の有効利用の仕方のひとつとして、集成材にして扱うという試みがはじめられている。軟らかい杉は集成材には不向きだが、それでもたくさんあるのだからなんとか使っていこう、というわけだ。専門的になるから深入りするのは避けるが、これが一般に広く使われるようになるには、いくつかの複合的な技術開発が必要だが、さまざまな試みがはじめられているので、現実のものとなる日も近い。

集成材をさらに進化させた「ＬＶＬ」や「ＭＤＦ」などの新しい材料も出てきている。詳細は避けるが、ＬＶＬは木材を薄くスライスしたものを張り合わせたもの、ＭＤＦは木材のチップを接着剤で固めたもの。それぞれ性質や用途も違う。要は、木材を無駄なく効率的に使いきろうという試みだ。

近年新しく登場したのは、「圧縮木材」という材料だ。これは、木に圧力をかけて圧縮したものので、非常に硬い。もとの材料の体積の四〇％ほどになってしまう。強度も著しく強くなるので、さまざまな用途が考えられる。床材や構造材としても使われる機会が増えそうだ。

やることは尽きない

気紛れな散策もこのあたりで終わりにしておこう。

杉という身近な材料を取り上げて、どのくらいの広がりがあるか、どんなことが見えてくるのか歩き回ってみた。本稿で述べたのは、杉という材料のほんのアウトラインにすぎない。さらに、建築を構成する材料や技術は無数にあるのだから、こんなふうに書きつらねていったら、いつまでも稿を閉じることができない。読まれる方に建築の広さの一端でもわかっていただければ、と思って散策に御同行いただいた。

大学生だったときからすでに三〇年近くの歳月が流れている。この歳月を振り返るとき、よくここまでやってきた、という思いがよぎる。試行錯誤や迷いは日常茶飯事、言葉にならないような苦しいことの連続だったが、いくつかの幸運にもめぐまれた。この年月のなかで、建築に対する考え方もずいぶんと変わってきた。大学生のとき、もう建築家をめざすなんて時代錯誤だ、建築家の時代は終わった、というのが定説のように流布されていた。この風潮に引きずられて、多くの才能ある同級生が建築をあきらめ、挫折していった。あれから四半世紀のときが過ぎたが、時代はめぐって、社会情況や若者のメンタリティも似たものになってきているような気がする。

あきらめることはない。あのときだって、どれほど多くの大人たちが悲観的な言葉をつらねてきたことか。建築の仕事は、日常生活に骨格と輪郭を与え、なおかつ生きる希望を与えることであり、どんな時代であれそのことに変わりはない。時代が困難になればなるほど求められる職業なのだ。

冒頭でも述べたが、現在六三億人の世界の人口は、今後五〇年のうちに一〇〇億人を超える。一方、一億三〇〇〇万人の日本の人口は五〇年後には現在の七割、一〇〇年後には半分になる。いずれにしても、これまで誰も経験したことのない大変革の時代が訪れるはずだ。そんな時代を目の前にして、建築家の役割はますます重要なものになってくるだろう。わが国の社会は否応なく大変革を求められる。新しい社会を築くということは、新しい生活像や価値観を提示するということだ。さらには、それを現実のものにする技術開発が不可欠だ。建築家には、文化、制度、技術に幅広く視野を広げ、それを人の生活する場へと橋渡しする役割がある。建築家のやることは尽きない。

最後にもう一度強調しておきたいのは、建築の世界は奥が深く幅が広いけれども、この広大な世界に分け入ることを恐れないでほしい、あきらめないでほしい、ということだ。少々のこ

とではへこたれない確固たる志さえあれば、なんとかなるものだ。経験者の私が言うのだから
まちがいない。不屈の勇気をもってこの密林に踏み込んでほしい。

ないとう・ひろし／東京大学教授・建築家

建築の強さについて

――建築はしぶとい

鈴木博之

建築はしぶといものなのかが、ここで与えられたテーマである。

「建築はしぶといか」。

これに対してはさまざまな答えが用意されるだろう。

建築は古代から伝えられてきたから、長く残るものの代表格といえる。したがって、建築はしぶといという考え方がひとつである。

けれども建築は思うほどには長もちしない。すぐに取り壊される。日本では一世紀以上建ちつづけている建築は、思う以上に少ない。とくに一般のオフィスビルや住宅は五〇年ももたずに取り壊されるものが大半である。東京の場合、江戸時代以前の町家は、大都市から消滅したといってよいし、地方の都市からも急激にその姿を消しつつある。

しかし身のまわりの建築物だけを思い浮かべていても、話は感覚的領域を超えない。

そこで、建築の理論的古典といわれている古代ローマの建築書にあたってみよう。それはウィトルウィウスが著した『建築論』一〇巻である。現在まで伝わる、もっとも古い西欧の建築書であり、その影響力はいまでも決して消滅してはない。

ローマ皇帝アウグストゥスの治世下に成立したといわれるこの書物には、建築の目標が簡潔に箇条書きされている。彼はそれを「強さ（firmitas）・用（utilitas）・美（venustas）」（森田慶一訳）と唱えた（第一書、第三章、第二節）。これは時代を超えた建築の理想とすべき要素であるとして、現代の建築家もしばしば引用する。たしかにもっとも妥当な三要素というべきであろうと思われる。ただし、この三要素は重要な順に記されているわけではない。どれひとつとして欠けてはならぬ要素として、これらは掲げられているのである。

一般に「用」とは建築における機能を指し、「強さ」は建物の強さ、すなわち構造的強度を指し、「美」とは意匠的表現の美しさを指すと考えられている。であればこそ、この三要素は建築の根幹に横たわるものと考えられてきたのである。

このうちの「強さ（firmitas）」という概念をこれから考えてみたい。

なぜならこの概念には、建築のしぶとさが関係しているように思われるからだ。詳しいことは論文にして世に問うべきであろうが、ここではこの問題に気づいてからの、思考の経路をそのままにたどってみたい。なぜなら、この「強さ」という概念が、建築にとっては構造的強度が重要であるという観念を、とりわけ日本で強固に生み出したように思うからだ。

日本は世界有数の地震国である。したがって「建築は地震の衝撃に耐えられなければならない」という命題が、日本の建築界には天命のごとくに覆いかぶさっていた。明治になって西欧の建築技術を本格的に導入しはじめた人々の脳裏に焼き付いていたのは、「安政の地震」といわれるものだった。じつは安政の地震というのはひとつではなく、安政年間には日本各地で一九回にも及ぶ地震が発生していたのだという。そのなかで「安政の大地震」というのは安政二（一八五五）年一〇月二日におきた。江戸の亀有付近が震源だったといわれる直下型の地震で、江戸城はじめ各所に被害が出た。けれどもその直前の伊豆を震源とする地震も、ちょうど下田に来て開国の交渉をしていたロシアのプチャーチン一行の艦を襲い、彼らは下田を出て戸田で新しく西洋船を建造しなければならなくなっているほどの被害を受けていた。

明治の人にとっては安政の地震は恐怖の記憶であり、建築学者でわが国耐震構造の大家であった佐野利器も、関東大震災が東京を襲ったときに、とっさにこれは安政地震並みの大地震だと感じている。

明治年間で最大の地震は「濃尾地震」だった。明治二四（一八九一）年一〇月二八日に岐阜・愛知を中心におきたこの地震は、七〇〇〇人以上の死者を出し、家屋の倒壊も八万戸を数えた。ちょうど丸の内にオフィス街を建設しはじめていた三菱の幹部連中はおおいに驚き、このような地震が東京を襲えばどうなるか、さっそく調査させた。このとき派遣されたのはお雇い外国人として工部大学校で教授した英国人ジョサイア・コンドルだった。コンドルを派遣すべきだと進言したのは、以前から三菱と近かった英国人トマス・グラバーである。

コンドルは基本的に建物を重くがっちりとつくることが大事だと考えたらしい。彼が手がけていたのはレンガ造の建築である。それに対して、彼と同じお雇い外国人で、勤務していたのも同じ工部大学校であった鉱山技師のジョン・ミルンは、少し違った見方をしたらしい。明治一三（一八八〇）年に日本地震学会の設立にあたって、その世話役を務めたミルンは以前から地震の研究を行っていた。のちに地震学者として名を残すことになるミルンは、地震は振動であり、波であるから、それに耐えるためにはただ重くすればよいというものではないと考えたらしい。現に木造の建築でも地震に耐えたものがある。

こうして建築を地震から守るための工夫は、いくつかの考え方を生み出してゆくことになる。それが少なくとも建築の世界でひとつになるのが、関東大震災以後である。

まず濃尾地震の教訓を受けてその翌年、震災予防調査会が発足し、地震に対する研究を行うようになる。明治二八（一八九五）年には、調査会報告のひとつとして『木造耐震家屋構造要項』が出版される。そしてその活動のなかから佐野利器による建築の耐震構造の考え方がまとまってくるのである。彼は大正五（一八一六）年に『家屋耐震構造論』を震災予防調査会報告のひとつとして刊行し、地震による力を震度という言葉に定義した。ここに現在に至る耐震建築の考え方が定まった。大正九（一九二〇）年に制定された日本の市街地建築物法には建築の強度計算の条項が含まれることになる。しかしそこから、日本の建築はまず耐震性能を考えるべきであり、かたちや色について云々することは婦女子の仕事だといった気風まで生まれる。実際、佐野利器はそうした価値観を書き記している。

関東大震災は大正一二（一九二三）年のことであるが、この年のはじめに、内藤多仲が「架構建築耐震構造論」と題する論文を日本建築学会の『建築雑誌』に連載していた。このなかには横力分布係数の考え方が定義されており、壁による耐震が重視されていた。それ以前、大正九（一九二〇）年に発足した、日本の前衛的建築のグループ「分離派建築会」のメンバーたちは、建築は芸術であることを認めてくださいと叫んでいた。それほどまでに、建築は構造的強度を十分に考えることが先決であるとする風潮が強かったのである。ウィトルウィウスの言葉に従うなら、「強さ」の重要性の前に「美」はきわめて旗色が悪かったのである。

佐野利器や構造派の人々がウィトルウィウスに基づいて建築を考えていたかどうかは定かではないが、日本では事実として「強さ」の概念が支配的であった。

ここで「強さ」の概念を考えてみたいと思うのは、日本における建築観をかなりな程度支配している「構造的強度」重視の考え方は、果たしてウィトルウィウスに照らしたときにはどのようなことになるのかを知りたいからである。

先にも述べたとおり、ウィトルウィウスのいう「強さ」とはfirmitasという言葉である。これはしっかりした基盤に支えられた強さだといわれる。しかしながら、そうした意味での「強さ」には二つの側面があるのではないか。

ひとつの「強さ」は、強度をもった構造の建築という意味である。これが日本で重視される建築の「強さ」であることはまちがいない。だが、「強さ」のもうひとつの側面は、「しっかりとしている」ということであり「長もちする」という意味での「強さ」である。どちらも同じではないかという人もいるかもしれないが、これは明らかに異なる。一方は「強度」であり、他方は「耐久性」であるからだ。

ここでウィトルウィウスの概念を、後世の人々がどのように解釈してきたかを見てみよう。

もともとのテキストは次のものである。

Haec autem ita fieri debent ut habeatur ratio firmitatis, utilitatis, venustatis.

まずはじめに、日本語訳のテキストを見よう。森田慶一訳の『ウィトルーウィウス建築書』では次のように訳されている。

「これらは、また、強さと用と美の原理が保たれるようになされるべきである」（東海大学出版会、一九六九年、三一ページ）

彼は以前に同書を訳出したときにも、ほぼ同じ言い回しで訳していた。

「建築はまた強さ、用、美、の原則が保持されるやうに作らるべきである」（生活社、一九四三年、二三ページ）

現代語訳のイタリア語版のウィトルウィウスではどのような言葉が用いられているのだろうか。友人のローマ大学フランカ・ボッサリーノ教授が一九九八年に出版したエディションを見てみよう。

「Tutti quest edifici debbeno essere construiti tenendo cont della ratio firmitatis, utilitatis, venustatis, cioe delle ragioni della stabilita, della utilita e della bellezza.」

(Marco Vitruvio Pollione, *De Architectura Libri X, a cura di Franca Bossalino*, Edizioni Kappa, 1998)

ウィトルウィウスの三要素は、はじめにラテン語を引きながら訳されており、それは

「della stabilita, della utilita e della bellezza」となっている。della stabilitaが「強さ」である。della stabilitaは「しっかりした基盤の上に堅固に建てられる」という意味とされているので、強度とも耐久性ともとれるのであるが、この言葉に近い英語は安定したという意味のstabilityであるので、どちらかといえば長もちする、耐久性があるというニュアンスが強いのではないか。

　イタリア語訳のウィトルウィウス関係の文献では、「強さ」はstabilitaという語によって表される例が多いことがわかってきた。また、soliditaという言葉に置き換えられる場合も多い。これは堅固さという意味に近い。この点は研究室の横手義洋氏に負った。彼はイタリア留学から帰ったところである。

　次に英語に訳されたウィトルウィウスの『建築論』ではどのような言葉が用いられているかを見よう。現在でももっともよく使われる現代語訳のウィトルウィウスは、モリス・モーガンの訳である。これは一九一四年にハーヴァード大学出版局から刊行されたもので、いまもなお教科書としてよく使われている。

「All these must be built with due reference to durability, convenience, and beauty.」

(Vitruvius, *The ten books on architecture*, Translated by Morris Hicky Morgan, Harvard University Press, 1914, reprinted Dover Publications, 1960.)

　モーガンは先ほどからの、ウィトルウィウスによる建築の三要素を、それぞれ「durability,

convenience, and beauty」と訳している。durabilityという言葉は明らかに耐久性を意味する。モーガンは「強さ」の概念を構造的な強度というよりも、長もちする耐久性とはっきり解釈しているのである。

ドイツ語訳を見てみよう。アルテミス社から出版されているアウグスト・ローデ訳では、三要素は「Festigkeit, Nutzbarkeit und Schonheit」となっている（Vitruv, Baukunst, Ubersetzung：August Rode, Artemis, 1987.）。Festigkeitは、固さ、堅固、安定などの意味をもつ。ちなみにfestという形容詞は、固体の、固形の、といった意味である。

フランス語訳はどうか。これはフランス語圏の建築が専門である研究室出身の中島智章氏に尋ねた。彼はベルギー留学から帰ったところである。われわれの研究室には多くの国からの留学生と、多くの国に出かけた大学院生がいるので、こうした探索にはきわめて便利である。で、どうなったかというと、クロード・ペローによる一六七三年のフランス語訳では「強さ」はSoliditeと訳されているとのことで、これはフィランドリエによるラテン語注釈書の現代フランス語訳でも踏襲されているという（PERRAULT, Claude：*LES DIX LIVRES D'ARCHITECTURE DE VITRUVE, CORRIGEZ ET TRADUITS*, nouvellement en Francois, avec des Notes et des Figures; Chez Jean Baptiste COIGNARD, Paris, 1673；Preface Antoine PICON, Bibliotheque de l'Image, 1995, pp.15. PHILANDRIER, Guillaume：*Les Annotations de Guillaume Philandrier sur le DE ARCHITECTURA de*

Vitruve, Livres I a IV, Collection DE ARCHITECTURA, introduction, traduction et commentaire par Frederique LEMERLE, Fac-simile de l'edition de 1552, Librairie de l'Architecture de la Ville, Picard editeur, Paris, 2000, p.80、および、ファクシミリ部分のpp.16-17.)。

Soliditeはやはり堅固といった意味が強い。ドイツ語訳と似たおもむきの解釈であろう。

こうなると東洋圏での解釈も見ておきたくなる。中国からの留学生劉域氏に聞くと、中国語訳では、「強さ」は「堅固」と訳されているとのことであった（『建築十書』高履泰訳、知識産権社、二〇〇一年）。この意味するところはFestigkeit, Soliditeに近いといえよう。ちなみにほかの二つの要素は「活用」と「美観」である。

次は韓国である。韓国からの客員研究員の皇甫俸氏に聞くと、ウィトルウィウスによる建築の三要素は、韓国語訳ではそれぞれ「構造、技能、美」と訳されているという（『建築十書』呉徳威訳、一九九一年）。なまじ漢字を同じくするので、字面の印象が誤解を与えやすいが、韓国語では「構造」という言葉は堅固さを表すと考えてよいのだそうである。「技能」も「用」に近い意味であるという。

残念ながらこれ以外のアジア諸国では、ウィトルウィウスの自国語への翻訳はないらしい。ここまで来ると、さらにほかの言語圏での解釈が知りたくなる。研究室には英、仏、伊、独、中、韓のほか、ポルトガル語圏（ブラジルからの留学生）、スペイン語圏（アルゼンチンからの留学生、スペインで仕事をしたベルギーからの留学生）、トルコからの留学生、エジプトからの留学生もいるので、先が楽しみである。

しかしここでは、もう少し結論に向けて話を進めてみよう。

ウィトルウィウスを意識したルネサンス期の建築家たちの建築論の著述のなかに見い出される、ウィトルウィウス解釈を検証することによって、彼の述べた建築の三要素がどう理解され、根づいていったかを見てゆきたい。

レオン・バッティスタ・アルベルティの『建築論』には、ウィトルウィウスをふまえた記述が数多く現れる。ここでは相川浩訳『建築論』（中央公論美術出版、一九八二年）によって、検証してゆこう。

「（前略）われわれは軽視できない三つのものに気付く。それは覆い、壁、その他にほとんど該当するものである。すなわち、特定の意図された用途に対して妥当であり、なかんずくきわめて健康的であること。堅固と耐久性については、変質せず堅くまた十分に永続性を持つこと。快と優美については、好ましく構成され、いわばそのあらゆる部分が飾りつけられていること」（一一ページ）

ここでは、「用途」「堅固と耐久性」「快と優美」という要素が、ウィトルウィウスの「用(utilitas)」「強さ（firmitas)」「美(venustas)」に対応していることが知られる。

また、次の記述にも出会う。

「一般に建築することに関連する分野、すなわち用途に合わせ、耐久性のためにきわめて堅固に、優美と華麗のために、できるだけ整備してわれわれは建設してきた」（一五八ページ）

ここでも、ウィトルウィウスとの対応は明瞭であろう。

さて、次の場合はどうであろうか。

「今は用や強より建築の美と装飾を主として満たすものを、あらかじめ区分しよう」（一八六ページ）

ここでは「用」「強」「美」という言葉が用いられており、より直接的にウィトルウィウスへの言及が感じられる。しかしここでの訳語は、森田慶一訳のウィトルウィウスをふまえたものであるにちがいない点を、忘れてはならないだろう。「強」はアルベルティのほかの箇所における用法と同じ概念用語なのである。

これらの記述のなかから見えてくるのは、「耐久性のためにきわめて堅固に」という言葉に現れる「堅固」とは、「耐久性」にかかわる概念と受け止められていたらしいという事実である。このような概念の形成をはっきりと示すのが、アンドレア・パラーディオによる『建築四書』である。彼はこの著作の冒頭で、次のように述べる。

「いかなる建物においても、（ヴィトルヴィウスがいっているように）、三つの事柄が配慮されるべきであり、それらなくしては、どんな建物も称賛に価するものとはならない。そして、これら三つの事柄とは、有用さ、あるいは便利さ、耐久力、そして美しさである」(桐敷真次郎訳『パラーディオ「建築四書」注解』中央公論美術出版、一九八六年、三五ページ)

ここでの三つの要素、「有用さ、あるいは便利さ」「耐久力」「美しさ」が、ウィトルウィウスの「用(utilitas)」「強さ(firmitas)」「美(venustas)」に対応している。ここでパラーディオのいう「耐久力」とは、la perpetuitaである。これは永続性という意味が強い言葉である。英語で類縁関係が強い単語に、perpetuityという言葉がある。「永続性」がその意味である。この言葉はじつはコンドルが使っている。彼は明治二七(一八九四)年に東京、芝に唯一館という和洋折衷の建築を設計しているのであるが、こうした折衷の試みを説明するかのように、こう語っているのだ。

「(前略)元来他国の建築家にして、日本の如く一の国民的様式の連続てふ概念の浸潤し居る国に来れるものは、(中略)一般に先づ、如何にしてこの国民的様式を永続せしめ得るやなる問題に就て腐心するものなり」(『建築雑誌』四〇二号、二七八ページ)

ここでいう「国民的様式を永続せしめ」という文章の「永続させる」は、同誌に掲載されているコンドルの原文では、perpetuateなのである。コンドルがパラーディオにつらなり、さらにはウィトルウィウスの三要素にまでさかのぼる概念として、perpetuateという言葉を選んだとは思えないが、彼が望んだ「国民的様式を永続せしめ」る仕事は、ウィトルウィウスが望んだ建築の「強さ」に適うことであったのである。

ウィトルウィウス自身、『建築十書』のなかで、あとから次のように自分の言葉を用いた説明をしている。

「家の地面より上にある部分は、もしわれわれが前の巻で城壁や劇場について述べた通りにそれの基礎が造られているならば、それは疑いもなく長年に亘って堅固であるだろう。しかし、地下室やそのヴォールトが築かれる場合、その基礎は上部建物に造られる壁体よりも厚く造られねばならぬ：また、壁や角柱や円柱は、その堅固さに相応するように、下部構造の中心に鉛直に配置されるであろう。なぜなら、もし壁や柱の荷が宙ぶらりであるとすれば、持久的な強さをもちえないから」（森田慶一訳、第六書、第八章）（傍点は鈴木による）

ここに現れる最初の「堅固」はfirma、二回めの「堅固さ」はsolido、そして「持久的な強さ」はperpetuam firmitatemという言葉である。ここからうかがえることは、ウィトルウィウスによる「強さ（firmitas）」の概念は、長年にわたる持久的な強さという意味を込められていたのではないかということである。そうした事実のうえに、ルネサンスの建築書に見られるさまざまな解釈が生まれてきたと考えられるのである。

ウィトルウィウスが述べた、「これらは、また、強さと用と美の原理が保たれるようになされるべきである」という言葉は、しかしながら日本語になったときに、「強さ」という言葉の響きから、「構造的強度」というニュアンスが強いものと受け止められがちであった。

森田慶一が最初にウィトルウィウスの日本語訳を出版したのは、先に見たとおり昭和一八（一九四三）年であった。この時期には、日本の建築構造学研究は、戦時における耐爆構造の研究にも及んでいた。森田慶一自身は、大正九（一九二〇）年に分離派建築会のメンバーとして、当時の構造中心の建築観に反旗をひるがえした前衛であった。そこから古典的建築理論の研究に進んだ彼にとって、「強さ」という訳語の選択がどのような心理的判断によるものかは、いまとなっては推測するしかない。だが、われわれが「強」の字から受ける印象は、即物的な構造強度である。

森田は自分の著作のなかでウィトルウィウスの理論をこう解説している。

「ウィトルウィウスは、まず建築に三つの立脚点ratioを認める。すなわち、『各種の建物は強さfirmitas、用utilitas、美venustasの理・立場が保たれるように造られるべきである』（一、三、二）。言うまでもなく、強さの理は構造学に属し、用の理はプランニングの学に属し、美の理は造形理論に属する」（森田慶一『建築論』東海大学出版会、一九七八年、一七三ページ）

構造学に属する「強さ」は、どうしても耐久性よりは強度に偏りがちな印象を与える。この点をたしかめるために、梅村魁の説くところを聞こう。梅村は耐震構造学の大家であり、歴史的な興味も強くもっていた学者である。

「最初に建築構造とは何かを考えてみたい。人間の創造物である建築は、この社会に人間が生活を始めたときからの作品であり、それが人間に及ぼす影響も計り知れないものがある。その中で建築構造と呼ばれる部分は安全性に関係した分野と考えてよかろう。（中略）現在新しく建てられる建物は、安全性を確かめるために構造計算を行なうのが普通である」（梅村魁「建築構造の歴史」、『新建築学大系25　構造計画』彰国社、一九八一年、四ページ）

ここに明瞭に現れているのは、建築物の安全性を保証するものとしての構造計算である。構造計算は何をする作業かといえば、それは建築物の構造強度を検証する作業なのである。建築物の持続的耐久力を計る作業ではない。

以上の資料に従って三段論法を組み立てれば、森田慶一はウィトルウィウスの理論におけるfirmitasの概念を「強さ」と訳すことによって、それが構造的強度を強く暗示することを認めていたということになる。われわれはしかしながら、そうしたウィトルウィウス解釈がすべてではないことを見てきた。firmitasの概念を「耐久力」、すなわち「長もちすること」と解釈する例も多かった。

ここで現代日本の著述家のウィトルウィウス解釈の例をひとつ加えてみたい。それは塩野七生『すべての道はローマに通ず』（新潮社、二〇〇一年）における解釈である。この著作は古代ローマの遺跡を、インフラストラクチュアの歴史として扱っている。ローマの遺跡は驚くほど広範にヨーロッパ各地に残されている。私自身、ブダペストで、イスタンブールで、スコットランド近くで、そうした遺跡に出会ったとき、古代ローマ帝国の範囲の大きさを、目に見え

すべての道はローマに通ず(オスティア遺跡)

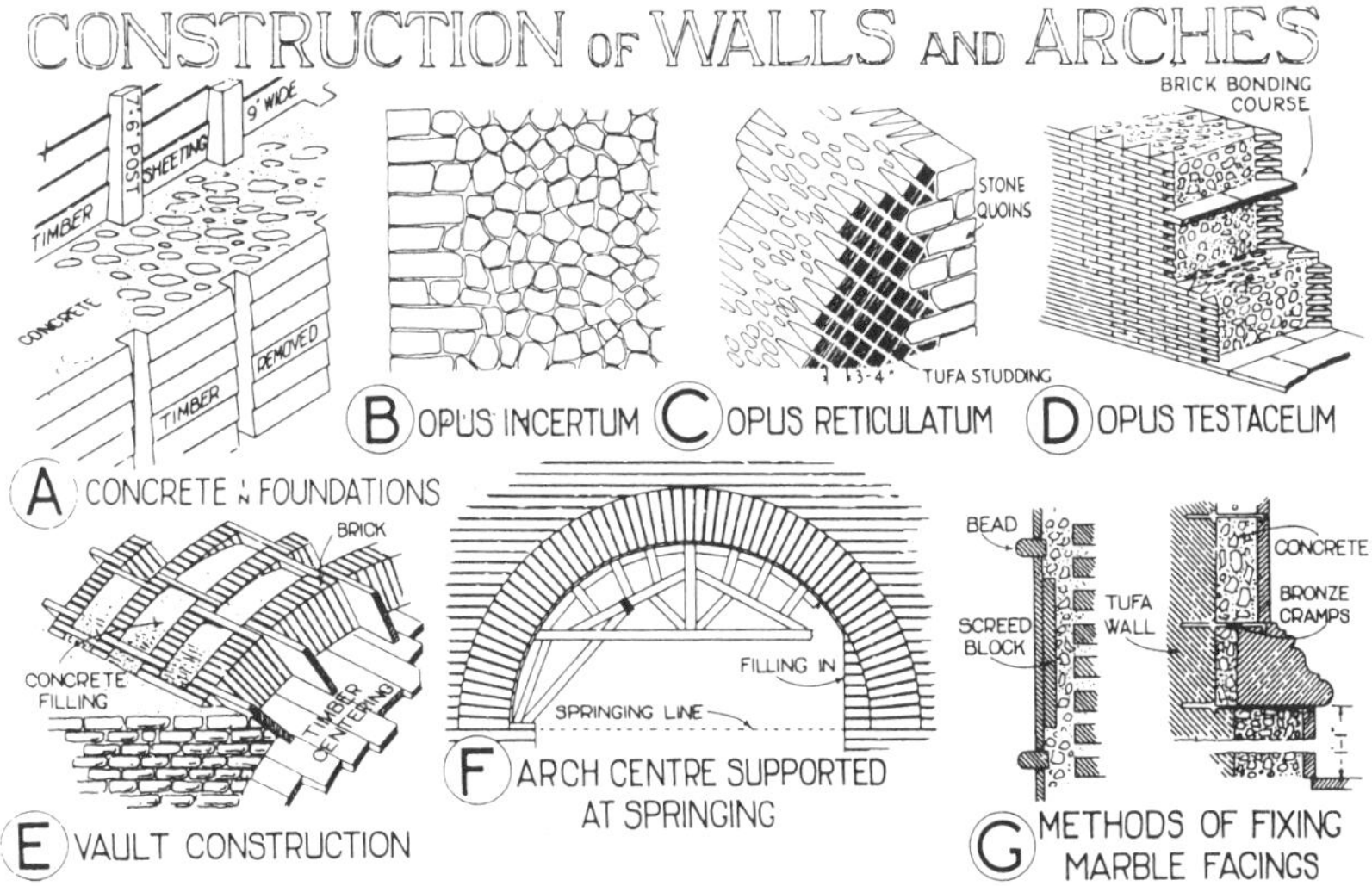

古代ローマの工法(B.フレッチャーによる)

るかたちで突き付けられる気持ちに襲われた。

塩野の著作はそうしたローマ帝国の道路、上下水道など、一般にインフラストラクチュアと呼ばれるものの体系を追いかける。ふつう社会基盤構造、社会資本などと呼ばれるこれらの基盤施設は、現代社会にあっても重要な資産であり、公共事業として建設されている。しかしながら現在わが国で、そのあり方が厳しく問われているのは、連日の新聞紙上に現れる特殊法人の整理統合問題に見られるとおりである。

古代ローマ帝国においてこの問題がどのように解決されていたのか、疑問は歴史的な好奇心というよりも現代的な切実さを帯びてくる。で、その答えはどうなのか。この著作は歴史を語る書物であるが、「あらゆる歴史は現代史である」というテーゼどおり、われわれの疑問にも示唆を与えてくれるものになっている。

著者は冒頭でインフラストラクチュアというものの本質を、「人間が人間らしい生活をおくるためには必要な大事業」ととらえる。これは単にこの言葉を社会資本と訳すよりも全体的であり、なおかつその社会資本が何のためのものなのかという価値観をも包含した定義になっている。したがって本書は、土木技術史の概説といった枠をはるかに超えた歴史叙述をめざしていることが知られる。この書物が概観するインフラストラクチュアは、ハードな社会資本のみではなく、教育や医療といったソフトなものも含む。そこでは国家が負担すべき部分と民間に委ねられるべき部分とが、はっきり区別されていた。インフラストラクチュアは、単なる工学技術の分野にとどまるものではないのだ。

だが、一方で古代ローマが最高の技術水準を誇っていたことも事実である。ローマ時代の幹線道路の舗装技術は、一九世紀になってマカダム舗装という現在のアスファルト舗装の原型ができるまで、史上最高の水準にありつづけたし、建築物の最大床面積をとってみても、ローマに立つマクセンティウスのバシリカを上回る大規模建物が現れるのは、一九世紀に鉄骨構造が生まれてからである。また、人間が暮らす住居の高さも、ローマ時代のインスラという集合住宅を凌駕するようになるのはエレベーターが実用化されてからのことである。要するに産業革命による機械化・工業化が進むまでは、人類は古代ローマの技術水準を超えることはできなかったのだ。

しかし技術には、それを支える思想がなかったのだろうか。ローマ人たちは何をもって「人間が人間らしい生活をおくる」ことと考えていたのか。その思想を如実に示すものこそ「道路」であったと、著者は言う。中国人が万里の長城を築いたのに対して、ローマ人は道路網をつくったのだと。つまり外乱要素を排除する施設ではなく、それらを同化しうるネットワークである。帝国を閉じるのではなく、開き、つなげることによって文明を確保しようとしたのだ。「公」は「私」の及ばないこうした部分を受け持つ。そこに彼らの社会資本の概念が存在した。

ローマ時代の道路も上下水道も、だから受益者負担とか事業的採算性といった観念ではつくられなかった。「必要な大事業」として、最高の技術水準をもって建設されたのである。道路は軍用道路の性格をもつにもかかわらず、一般の人々の用に供する歩道も備えられており、上水道は高架橋、調整池をもつシステムでありしかも無料で庶民に水を提供していた。結果的にそれらの遺産は、現代に至るまでその余慶を及ぼしている。

こうした構造物のもつべき理想こそ、当時の建築家ウィトルウィウスが三つの要素によって示したものであったと、塩野は言う。このうちの「強さ（firmitas）」の概念を、著者は「耐久性」と訳している（六六ページ）。これは日本の建築界における伝統的解釈に縛られない解釈である。日本で一般に構造的強度と考えられてきた「強さ」を「長寿命」ととらえたのである。これこそローマ人の考えた堅固さだったのかもしれない。強度中心の技術思想を、持続可能性という観点から問い直す視点がここから開ける。こうした示唆を与えるのが歴史解釈というものかもしれない。

ウィトルウィウスがfirmitasという言葉によって、「建築は強くあれ」と言ったのではなく、建築は長寿命を保つ耐久力をもてと言ったのだと解釈すれば、それは建築はしぶとく長生きしろと言ったとも考えられるのであり、ウィトルウィウスは「建築はしぶとくあれ」と言ったと主張することもできるかもしれない。

すずき・ひろゆき／東京大学教授・建築史家

小さき場のために

——建築を感じる

松山　巖

1

路上で遊ぶ子どもたちの姿を見かけなくなった。遊ぶ子どもたちの歓声を聴かなくなった。こう言われて久しい。

「男児の遊びとすべきは、紙鳶《たこ》あげ、毬《まり》投げ、独楽《こま》廻し、竹馬、肩車、輪廻し、木登り、お山の大将、面土打《めんちうち》、軍人合せなどの如きにして、女の遊びとすべきは羽根つき、手鞠《まり》つき、姉さんごっこ、編物、向うのおばさんの如き是なり。また縄とび、石蹴りの如きは男女を通じて行わるるなり。時候に従うては、年の始めには双六《すごろく》、骨牌《かるた》を遊び、女には、その他特に羽根つき、手鞠つきの遊びあり。紙鳶あげは、冬時風力強き頃に最も行われ、陰暦三月に至れば既に廃る。俗に三月の引ずり紙鳶というは、風力漸く和ぎて、紙鳶高くあがらず、地をするをいうなり。夏日には、炎天をも厭わずに蜻蛉《とんぼ》を捉え、黐竿《もちざお》を振って後園に蝉を覘うあり、……冬となれば霜解けて地湿りて柔げば、根ッ木を闘わし、雪の朝には炭を糸にて括り、雪釣をなすもあり、雪達磨・雪の兎など作りて興ずるもあれば、雪を打ちおうて戦うもあり。……」（平出鏗二郎『東京風俗志』）

一〇〇年前、二〇世紀はじめに東京の子どもたちが遊んでいる姿である。もはやその遊び方さえわからないものもある。それでもたこ上げ、球投げ、独楽廻し、竹馬、肩車、輪廻し、木登り、羽根つき、まりつき、縄飛び、石蹴り、トンボ捕り、セミ捕り、雪合戦といった遊びは一九六〇年代、七〇年代でも見かけた。では現在、路上でこれらの遊びに興じる子どもたちの姿をどれほど見ることができるだろうか。

路上から子どもたちの遊ぶ声が響かなくなったのには、いろいろな理由が考えられる。受験勉強のため放課後には塾通いをする。どの家庭も子どもは一人か二人、子どもを産まない夫婦も多くなった。テレビとテレビゲームが普及し、子どもは外で遊ばなくなった。これらの理由は相互に結び付いている。遊ぶ時間が減り、遊ぶ仲間が少なければ、子どもたちはひとりゲームというヴァーチャルな遊びのなかに閉じこもる。わかりやすい話の筋立てだ。

より問題なのはしかし、むしろこのように子どもを取り巻く厳しい現実を一つ一つ納得し、それなら仕方ないなと思い込むことで、かえって子どもたちを自閉的な世界へと追い込んでいる、ということではないだろうか。

一〇〇年前の子どもたちが遊ぶ場所を想像してみよう。隠れん坊や鬼ごっこ、缶蹴りといった遊びも考えてみよう。子どもたちは、家と家のあいだの狭い路地、庭先、小屋の陰、床下、空き地といった場所を自分たちの遊び場に変えた。公園や遊園地のような大人に与えられた場所ではなく、街のなかの変哲もないところを子どもたちは自ら遊び場に変えることができた。

いまでは、自動車が街のなかの細い道まで入り込んでくる。では、この状況も納得するだけでいいのか。現代は、子どもたちが野外で遊ぶことができる安全な場所が街のなかから減っているのだが、大事なことは子どもたちが遊ぶ小さな場所への関心を取り戻すことだ。

2

二〇年以上前になるが、私は数人の仲間と渋谷界隈を調査し、誰もが気楽に入れる建物と場所、時間によって入れなくなる建物と場所、入るには許可がいる建物と場所、以上三つの分類で地図を色分けしたことがある。経年的に色分けした地図で、その変化を追うと、あきらかに誰もがいつも気楽に入れる建物と場所が、次第に減っていることがわかった。

駐車場はマンションに替わり、小さな家が立ち並んでいた場所は路地を含め、オフィスビルやマンションに替わってしまった。街のなかで子どもたちの遊び場所が減少している事実は、大人たちにとってもじつは街歩きをする場所を失い、街歩きを楽しむ時間的な余裕を失っていることと重なるのではないだろうか。

3

あなたにとり気持ちのよい、好きだなと感じる場所はどのようなところか、考えてみよう。自分の部屋。友だちの部屋。団地の裏。ときどき立ち寄る喫茶店の決まった席。公園のなかのベンチ。学校の屋上。クラブ活動の部屋。美術館の中庭。博物館の中のある展示室。川が望める土手の上。植木鉢がいっぱいに並ぶ路地。海辺のバンガロー。山裾のホテル。温泉場の露天風呂……。

というふうにいろいろな場所が思い浮かぶ人もあれば、そうでない人もいるだろう。もし、思い浮かばなかった人はもう一度、考えてみよう。そうしてそんな気持ちのよい、好きな場所がどのような様子だったのか、具体的に思い出してみよう。明るい場所か、薄暗いところか。緑の多いところか、荒れ廃れたところか。人の多いところか、人の少ない場所か、人の姿がまったく見えないところか。広いところか、狭いところか。

室内であれば天井が高かったか、低かったか。音が響いていたか、どのような音か。川、山、海は望めたのか。さらにより具体的に。天井や壁や床はどのような素材であったのか。窓はどのような格好でどのくらいの大きさか。暖炉や囲炉裏があったか。その大きさと格好は。照明はどのようになされていたのか。あなたはそこで何をしていたのか。

室外であってもより具体的に。賑やかな場所であるなら、なぜ人が集うのか。集まる場所はどのくらいの広さで、周囲にはどんな建物があるのか。木々はあったか。陽除けはあったか。石畳みだったか。土の床だったか。小鳥が啼いていたか。水音が聴こえていたか。そこであなたはどんな格好で何をしていたのか。

考えてゆけば、さらにもっと具体的なことを思い出すだろう。なぜ、その場所が気持ちよく、好きだなと感じたのか、他人に伝えるつもりでより細かく思い出してみよう。

4

では今度は、あなたにとり気持ちのよくない、嫌いな場所はどんなところか、考えてみよう。人の多い場所か、人のいないところか。広い場所か、狭いところか。その場所が嫌いなのは、そこがかもす雰囲気のせいか、それとも一緒にいた人間のせいか。嫌いな場所は人間関係に左右されやすい。

ところで気持ちのよい、好きな場所を語るときは、あなたはその場所を「発見した」という気分になるのに、気持ちのよくない、嫌いな場所を語るときにはそんな気分にならないのはなぜだろうか。それはまさに好きな場所こそ、あなたがその場所を「発見した」からだ。嫌いな場所は受動的にかかわるしかできないが、好きな、気持ちのよい場所には、あなたが仮にそこで昼寝をしたとしても、能動的にかかわっている。しかも気持ちのよい場所には、たとえそこが人の気配のないところであっても、何か秩序があるはずだ。だから気持ちのよい、好きな場所を人に伝えること自体が発見した歓びとなる。

5

建物を設計する建築家、街をつくり上げる都市計画家などがはじめに考えることは、自分の好きな場所、気持ちのよい場所を発見し、それに具体的なものと寸法を与えることだ。素材、かたち、大きさ、光と風、水と緑、土と石などをどのように配置し、つくり上げ、気持ちのよい場所であるように秩序をつくる、それが仕事だ。老練な建築家であれ、経験豊富な都市計画家であれ、気持ちのよい場所を発見し、その秩序を見い出すことこそがつねに立ち戻らねばならない、彼らの仕事の原点なのだ。

どのような職業であれ、経験の豊かさとは、長年同じ仕事に単に携わってきたことではなく、自分にとって大事なことを在庫品として蓄え、きちんと取り出せる人である。

6

「いいものばかりを見よ。決してわるいものを見るな。わるいものでよごれた眼には、いいものを見ても判らぬ。つねにいいものを見なれてゐれば、わるいものは一眼で見やぶることができると、ある骨董の目利が後輩を戒めたそうである」

作家・石川淳はエッセイ「雑文について」をこう書き出している。しかし、いいものとわるいものとを見分けることは難しい。いいものとわるいもの、本物と偽物。このことばかり見極めようとすれば、自分にとって大切なものもわからなくなるだろう。石川もそんな判断ばかり追い求め、「弁口はだいぶ達者になったが、肝腎の品物にぶつかったときには、もう眼が血ばしって、じつはさっぱり判らないという奴が一番阿呆である」と笑っている。

いいものとわるいもの、本物と偽物。そこに絶対的な基準はあるのだろうか。私たちの時代はさまざまなものが大量にコピーされて、出回っている時代である。建築とても例外ではあり得ない。ヨーロッパの古い民家をコピーした建売住宅、ニューヨークの摩天楼そっくりの超高層ビル、そればかりではない。街のなかに建てられる住宅、オフィスビルはどれもよく似ていて、本物か偽物かといった区別はつきにくい。

もともと明治以降、日本の建築はヨーロッパの建築のかたちをコピーすることからはじまった。だからヨーロッパの古い建物を見ると、かえって日本の明治時代の建物に似ているなと感じる人もいるはずだ。そしていつの間にか、明治時代に建てられた建物こそ私たちは本物だと思っている。

つまり本物か偽物か、いいものかわるいものかという判断は、あらかじめ「こうでなくてはならない」と教えられてきたためだ。そこには私たち一人一人が建物を判断する余地は少ない。しかしそれでもなお、何かをコピーした建物をヘンだなと思う人があれば、その人の判断は正しいだろう。

7

街を歩いて、ヘンだな、変わっているなと思う建物はたしかにある。周囲の建物とどこが違っているのか、考えてみよう。ヘンだなと感じる建物には三種類がある。

ひとつめはあからさまに何かのかたちをコピーしたもの。古い城郭や宮殿や住宅のかたちだけを借りた建物。世界的に有名な建物、たとえばピラミッド、エッフェル塔、エンパイアステートビルなどをそっくり真似た建物。コアラや猫や魚など動物の格好をした建物。それらは現代がコピー時代とはいえ、ヘンだと感じるだろう。

ではなぜおかしいのか。私たちはちょん髷をしたり、シンデレラのようなお姫さまの姿や三銃士の姿をして生活してはいない。にもかかわらず、そんな時代の建物が現代に登場すればヘンだ。有名な建物は、建てられた時代にその土地で採れた材料と大勢の人々の労働によってつくられた。たくさんの石を積み、砂漠のなかに建てられた王の墓であるピラミッドを、木やコンクリートでつくり、ほかの用途に使えばおかしいと感じるはずである。日本の仏壇や神棚をインテリアの装飾品として使っている外国人の部屋を見れば、ヘンだなと日本人なら違和感を抱くように、建築が生まれたその固有の風土や時代、文化を無視しているからである。動物の格好をした建物も、遊園地などに一時的な話題づくりとして建てられたにすぎない。それらの建物は仮装である。だから時間が経てば飽きられる。

二つめのヘンな建物とは、周囲の建物とはどこかデザインが違っていて、しかもその違いがどこにあるのかわからない、けれどあなたがその違いに惹かれる建物だ。もしそうした建物に出会ったなら、何度も繰り返し眺めたり、室内に入ってみよう。そうして飽きることなく、あなたの気分がよくなる場所、好きだなと感じる場所をあなたが発見したとすれば、その建物はあなたにとり傑作であり、大切な建物である。

三番めのヘンな建物とは、あなたにとり大切な建物とはなり得ず、さして印象に残らない建物。じつはこうした建物は街の大部分をつくっている建物であり、ヘンだとも感じない建物だ。それでも、もしあなたが、それらの建物に好きだな、気持ちがいいなと感じる場所を発見できないとしたら、それらの建物は何か大切な要素を欠いているのかもしれない。日常よく見かけるデザインの建物のほうがヘンだと思うとき、あなたの建築に対する判断は一歩も二歩も前進しているにちがいない。

8

建物にもし、いいものとわるいものがあるとすれば、いいものとは長いあいだ、人々に使われた建物である。なぜならそのような建物は、時代の変化に耐え、激しい風雨にも耐え、何より多くの人々に愛されてきたからである。だから建てられたとき高い評価を受けても、それがいい建築とは限らない。長生きも芸のうちという格言は建築にこそあてはまる。

9

古代ローマでは、雄弁であることは教養として認められ、雄弁家は市民の尊敬を集めた。彼ら雄弁家は演説をするためにまず記憶術を学んだ。演説の内容を覚え、原稿を見ずに語らねばならなかったからだ。記憶術の基本は、街路に立ち並ぶ建物をこと細かく頭のなかに記憶することだった。演説内容のポイントを街並みの建物や彫刻に対比させ、彼は頭のなかで街路をゆっくり歩き、建物や彫刻を思い出すことで、演説の内容を筋道どおりに語ることができた。

今日、このような記憶術は可能だろうか。建物はめまぐるしく建て直され、しかも同じような住宅、団地、ビルばかりとなれば、記憶術は成立しないのではないだろうか。だからといって奇を衒《てら》った、目立つだけの建物で街を覆えというのではない。そんな奇妙な建物ばかりが街に溢れてしまえば、かえって仮装行列を眺めるように頭は混乱し、かえってどの建物も同じように見えてくるはずだ。あなたの記憶に残る建物とは、街に立ち並ぶ建物全体ではなく、建物の中の小さな部分ではないか。

10

仮にあなたが友人に駅から自宅までの道筋を教えようとするとき、思い浮かぶ街の要素は何だろうか。決して大きな建物ばかりではないはずだ。既製の地図のように人は街を認識しない。一人一人、記憶に残る、街の小さな断片をつないで、それぞれ自分の地図を描く。

11

建築の工事現場を覗いてみよう。大勢の人々が参加して、建物の骨組みを組み上げてゆく工事現場を見てみよう。超高層ビルであれ、小さな住宅であれ、建物には人間と同じように骨格がある。その骨組みが建ち上がったとき、あなたは美しいと感じるだろうか。もし美しいと感じるならば、あなたには建築にかかわる仕事に就く素質がある。

なぜ美しいのか。それは建物の骨組みが地球の重力に抗するために、力の秩序によってつくられているからだ。その秩序は難しい数学や力学を知らなくともわかる。基本的には、積み木を積み上げげたり、マッチの軸で建物の模型をつくったり、海辺の砂で砂山や小さな建物をつくるのと同じなのだ。どこか一部分に無理な力がかかれば、その骨組みは崩れるか変形するだろう。一つ一つの部分は部分として互いを支え合いながら、全体の骨組みを支えている。だからこそ、それを美しいと感じる。

やがてそうした骨組みは、その外側を覆う部材で見えなくなる。人間がその建物を使うためだ。では、表面を覆う部分には骨組みのような秩序はないのか。人間の筋肉や顔の表情のように秩序はあるはずだ。

12

「建築は自然のなかに、自然に従って建てられている。それはいわば第二の自然であり、より堅固な、より忠実な、より明確な自然なのです。いかにも忠実そうに見えますから、人間はそこに閉じこもり、まるで自分のためにつくられたもののなかに逃げこむようにそこに逃げこむ。しかしそこは人間よりも強くなければならないのです。……それはすぐれて頑丈な、この地上で最も頑丈な物体であり、あらゆる力に抵抗するとともに人間にも抵抗し、建てられたのちは、その輪郭や、その戸口や、その影を、人間に押しつけることになります。人間の力のイマージュであることはたしかですが、その力それ自体は縛られているのです」(アラン『芸術についての二十講』安藤元雄訳)

哲学者アランは、建築は人間より強く、「非人間的であるという性格」をもつと語っている。これは正しい。建築はアランが述べるとおりに「頑丈な物体」であり、それをつくり出す石も、木も、鉄も、コンクリートも、ガラスも人間の心などもっていない。物体は物体そのものに秩序があり、その秩序が組み合わされてより「頑丈な物体」がつくられる。そして時として、アランの語うとおり、建築は人間に抵抗し、人間の心まで圧倒する。

人間の感情など無視してひたすら人間の心を圧倒するために建設された建物は多い。ではなぜ、そのような力を「人間に押しつける」建物がつくられるのか。それは物体のせいではない。物体には心がない。そのような建物をつくり出すのも人間の心である。

13

古代からの建築の歴史を振り返るとき、人間はより広い建物、より高い塔をつくり出すことに腐心してきたかに見える。それは人間というちっぽけな存在を超える何かを、統治者がそこに見たいと希んだからだ。統治者はそのような巨大な建築や高い塔をつくり上げ、神を奉る儀式を行い、自分が神に認められた唯一の人間であることを、広く知らしめようとした。だからそれらの建物は、統治者の快楽のためにあった。

しかしその巨大な神殿や高い塔を、統治者ではない、ふつうの人間たちがあるときから使い、暮らすようになった。このとき歴史は近代に変わった。近代の建築家たちはだから、人間のための建築を、人間のための都市をつくることを合言葉にした。にもかかわらず現在、人間たちは巨大なビルや高層のビルの狭間で、よりちっぽけな存在となってうごめいているかに見える。だとすれば、巨大なビルとビルの、ちっぽけな狭間を大切な場としてより深く考えるべきではないのか。

14

人間がつくり上げた風景はすべて「恐怖」から生じたという意見がある。風、雨、雪、厳寒、酷暑、地震、虫、獣、敵軍、火事、病気、犯罪、盗みといったさまざまな恐怖に抗するために建物や街はつくられてきた。しかし、そうして恐怖から逃れるためにつくられてきた建物、その建物の集積地である都市が、凶悪犯罪や交通事故、さまざまなパニックといった新たな恐怖を生み出すのはなぜだろうか。

人間が大自然や敵に対してつくり上げた人工的な風景がすべて「恐怖の風景」であるとしたら、ひょっとして巨大な建築、巨大な都市は人間が恐怖へ打ち勝った証ではなく、現代の、新たな、巨大な恐怖を表現しているのではないか。

「かつて人間は力を結集して自然に対抗したが、今度はその力が社会の枠からはみ出し爆発の危険を秘めた人間に向けられる。その結果生み出されるのは処罰の光景であり、言葉をかえていえば、征服される以前の自然にも匹敵するほど強力で、恣意的で、近寄りがたい巨大な官僚支配のシステムである」（イーフー・トゥアン『恐怖の博物誌』金利光訳）

15

現代の都市のなかに建てられるビルは、それが団地であれ、オフィスビルであれ、学校であれ、官庁であれ、一見すると病院か刑務所を思い起こさせるのはなぜだろうか。

16

「昔、美しい樹の下で、ひとりの人が教師であることも知らずに、これもまた自分たちが生徒であることを知らない人びとと話を始めた」。これが学校の真のはじまりだと建築家ルイス・カーンはことあるごとにともに働く人々に語った。彼の話はさらに続く。

「教育上のプログラムはいままで変りつづけたし、今後も変りつづけるに違いない。しかしそういった歴史的変化は建築にとってさして重要ではない。プログラムからは建築は生まれない。学校を真の学校にするものは、そのプログラムのいかんにかかわらず、自分が教師であることも、生徒であることも知らない人たちが初めて体験したそのスピリットであって、それは今後どんな時代になっても、何がどんな方法で教育する場合でも変ることはない。これがわれわれが信ずることのできる唯一のものなのだ」（『ルイス・カーン――原点の探究』志水英樹訳）

カーンの問いは建築のあり方の根源へと考えをゆり戻す。しかしより大切なことは、「教師であることも、生徒であることも知らない人たち」が自然に集うことができた「美しい樹の下」という小さな場があったことではないのか。

そしてカーンの言葉からかえって浮かび上がってくるのは、教師と生徒とが一体となって語り、話し、問いをかけ合うことができるプログラムの重要性ではないだろうか。

17

街を歩いてみよう。じつにいろいろな建物がある。教育施設だけを眺めても、保育園、幼稚園、小学校、中学校、高等学校、大学があり、高等学校にも大学にもいろいろな種類がある。医療施設を眺めてみよう。内科、外科、歯科、眼科と看板を掲げた小さな病院もあれば、すべての医療を行う総合病院もある。街のほうから眺めてみよう。大きな美術館や博物館がある街もあれば、小さな図書館さえない街もある。

街を離れてみよう。保育園、幼稚園、小学校、中学校はあるけれど、高校や大学はないかもしれない。小さな図書館はあるけれど、美術館や音楽ホールはないかもしれない。小さな病院はあっても、専門の病院や大きな総合病院はないかもしれない。代わりに広々とした田畑や林や牧場があって、農機具や林業や牧畜業のための建物があるかもしれない。海や川があって、魚市場や港、大きな橋や舟着き場があるかもしれない。

建物は人々の必要から生まれる。数十戸の家族が集まった村にも保育園や幼稚園や小学校は必要であり、建てられる。数百戸の家々があれば、中学校や高等学校や図書館や病院が必要となる。数万の家々が集まれば、専門の高校や音楽ホールや劇場もほしい。買い物に便利な商店街も生まれる。

数十戸の人々が必要とする施設と、数万、数十万戸の人々が必要とする施設とは、本来そのプログラムが異なるはずだ。だから、小さな施設は大きな施設に隷属しているわけではない。小さな施設が大きな施設に隷属すれば、すべては同じプログラムのなかで管理されたことになる。このような管理は可能かもしれないが、ひとたび問題が生じたとき、すべては大混乱になるだろう。小さな施設には小さな生きた現場がある。

18

路傍や田畑や川岸にちょこんと立つ、何の変哲もない小屋に惹かれる。

写真家・中里和人はそんな、どこにでもある小屋を四年間かけて撮りつづけた。ポンプを収めた動力小屋。農機具小屋。作業小屋。鶏小屋。建材を収納した小屋。りんご小屋。土木作業

農機具小屋（香川県坂出市）

のための小屋。消防車や器具を入れた消防小屋。漁師が寝泊りする番小屋。船小屋。造船所の脇にある風呂小屋。石を積んだり、コンクリートでつくったものもあるが、大半は板材、トタン材、ビニール板を打ち付けてつくった粗末な小屋だ。ありあわせの古材を張り合わせたために壁がパッチワークのようになった小屋があり、屋根まで植物がからまってしまった小屋があり、使い古しのバスを再利用した小屋がある。

りっぱな建物ではなく、どの小屋も強い風が吹けば飛んでしまうような、ペナペナの軽さだ。でも惹かれる。なぜだろう。それは風に吹かれて壊れても、その小屋は土地の人々にとってどうしても必要であり、再びつくり直されるからだ。小さいながらも路傍や川岸や海辺に立つ小屋は、誰か一人のものではなく、ともに生きる人々の暮らしを支えているからだ。小屋はその土地に生きつづけている小さなつながり、小さなプログラムを表している。体を使って働く人々のための小さな幸福を実現するための、生きたプログラムの証なのだ。

もし路傍や海辺や川岸や田畑の端に立ちつづけてきた小屋が消えたとき、調べてみればわかる。その土地の暮らしを支えてきた人々のつながり、関係が大きく変わってしまったことに気づくだろう。土地の人々のつながり、小さな関係が大きな関係のなかに組み込まれてしまったからなのかもしれない。

同じように小さな商店、小さな工場、小さな病院、小さな図書館、小さな公園が消えてしまったとき、その土地ではじつは大きな変化が、人々のつながりを変えるような事態が生じているはずだ。

19

「家屋はこれまた壮麗な建築で、街の端から端まで、櫛の歯のごとく整然と少しの切れ間もなくならんでいる。道路の幅は二〇フィートである。家の裏側には、ちょうど街路の長さに応じてずっと大きな庭が続いており、その庭は他の街路の裏側でぐるりと取りかこまれている。そういうわけで、どの家にも入口は二つある。一つは表通りへ、もう一つは裏の庭へという風に。どちらの入口も両開きになっていて錠もかかっていなければ閂《かんぬき》もおろされていない。指先で一寸《ちょっと》押しただけですぐに開くし、閉まるのもひとりでに閉まる。したがって家の中に入ろうと思えば誰でも自由に入ることができる」

これは一五一六年、トマス・モアが著した『ユートピア』(平井正穂訳)のなかの都市についての一節だ。モアは当時の社会があまりに悲惨な状況にあったため、私有財産を否定する理想国家を夢想した。むろん現代でもモアが描いた、誰でも扉を開けて入れる家屋は絵空事だと思われるだろう。しかし、私たちが暮らす住居はあまりに自閉的すぎるのではないか。少なくとも現在の大半の家屋にはかつてのように勝手口をもつものは少なく、一つの扉によって閉ざされている。

その結果、他人が扉を開いて、自宅に訪れたとき、入り口で話をするか、それとも家の中に招き入れ、プライバシーをさらすか、どちらかしか他人と接する方法はない。つまり客に対し、冷たく他人行儀になるか、わざとらしいほど家族同様に扱うか、いつも判断を迫られることになる。

20

二〇年ほど前のことだが、四国の土佐を旅行した折、仏頂《ぶっちょう》造りという民家に出会った。この民家の特徴は、屋根のかたちや壁の仕上げ、家の骨組みにあるのではない。じつに単純な雨戸の仕掛けにある。

通常の雨戸は戸袋の中に引き込まれる。ところが仏頂造りの雨戸は発想が違う。窓の大きさは一八〇cm×一八〇cmぐらいだが、ちょうど中央の高さのところから雨戸は上下に開く。上の雨戸は金具で壁から引っ掛けられて庇《ひさし》となり、下側の雨戸には折り畳み式の脚（ちゃぶ台の脚を思い出せばよい）がついていて、その脚を出すと縁台になる。簡単で愉しい仕掛けだった。

この仏頂造りの家々が道の両側に並んでいる光景を眺めたとき、心はなごんだ。訪れた日は天気がよくなく、その雨戸の縁台で昼寝したり、将棋を指したり、話し込んでいる人の姿は見かけなかったが、そんなのんびりした光景を思い浮かべたからである。しかし二年ほど前に同じ場所を訪ねた折、仏頂造りの住まいは消えていた。生活のシステムが変わってしまったのだ。

21

トマス・モアは『ユートピア』のなかで建物のかたちや大きさについては、さして具体的に記述していない。しかし彼は、ユートピアに住む人々がいかに庭を愛しているかについて具体的に描いている。

「彼らが庭を大切にするのは大変なものである。庭の中には葡萄園を始め、あらゆる種類の果物や野菜や花が見事に丹誠こめて栽培されている。思うにこのくらい実《みの》り豊かな、手入れの行届いた庭を私はついぞほかで見たこともない。なぜこんなに庭仕事に懸命であるかというと、それは何も単に道楽からのみやっているというわけでなく、一種の競争、各人それぞれ分担をきめて行われる、庭園の手入・耕作・整備などについての各町内間の競争、そういったものからきているのである」

22

「にわ【庭】①敷地の中に設けた空間。木や草花を植え、池泉を造ったりして生活に広がりや情緒を添える。②何かが行われる所。かつては神事・公事の行われる場所。なりわいのための狩猟・漁猟・農作業などをする場所を広くさした。③家の入り口、台所などの屋内にある土間。各地の方言としてものこる。④家庭。⑤広い海面」

『大辞林』にある「庭」の定義から、用語例を抜いて引用した。庭は、単に①の定義にあるように眺めるための飼いならされた自然を意味するだけではない。③の定義にあるように、接客の場であり、②の定義のとおり「何かが行われる所」であった。

集合住宅では、各住戸は庭をもつことはできない。しかし、小さくともベランダをもつ。ベランダはかつて住まいがもっていた庭の名残りである。

住居のみならずあらゆる建物には庭を必要とするのではないか。それがその建物に集う人たちのための「入り口」であり、集う人たちによって「何かが行われる所」だからだ。一つ一つの建物には、外へとつながるべき小さな場を必要としているのではないだろうか。

そしてまた、私たちは草花や木々や池や山がある庭を眺めるとき、静かな時間を取り戻す。庭をもたない人でさえ、路地で植木を育て、ベランダで草花を愛でる。草花や木々や池や山は、いつの時代にあっても育て、愛でるには時間を要するものだ。工業製品化されることはない自然が私たちに発信し、気づかせることは、芽生え、成長、咲花、枯死、そして再生という生物のリズムであり、四季という季節の巡りであり、過去・現在・未来を結ぶ時間の流れなのだ。

23

現代人は自然からの恐怖を克服したように考える。しかし、人間も自然の一部である。他人に対する恐怖さえ現代人は、扉一枚の住まいをつくり出すことにより解決しようとする。だがしかし、扉一枚がずらりと並んだ集合住宅の廊下の光景は、別の恐怖心をかもし出す。自己の生すべてが機械的に管理されていると見えるからだ。生きていることが無意味ではないかという疑念をつくり出し、そしてその先にある無意味な死へと思考を結び付かせる。恐怖の根源にあり、誰にも均等にいつかは訪れる、死を克服することは不可能である。人間が機械にならない限りは、死の恐怖からは免れることはできない。

かつて日本人の家々には、死者を、祖先を祀るべき仏間が存在した。現代では仏間なり、神を祀るべき部屋をもつ住居は少なくなった。祖先を祀ることは死への恐怖からはじまった。死が誰にも回避できないと悟ったとき、人間は死者を祀ることで死とともに生きる場をつくり出した。死者のいる場がつねに家にあることは、自分がいま・ここに生きている時間を思うことであり、いつか自分も死に、やがて死者として生きる時間を考えることだ。

死者を祀る場を失ったことは、自らの生よりも長い時間を考える場を喪失したのではないか。

24

いま一度、あなたが好きだな、気持ちがよいと感じる場所について考えてみよう。その場所は、あなたがひとりでゆったりとすごすことができる場所ではないだろうか。だからこそ「発見した」と感じる。その場所こそじつは自己を発見するための大切な時間と結び付いている。

25

「住宅は住むための機械」とは、二〇世紀を代表する建築家ル・コルビュジエが一九二四年に語った有名な言葉だ。しかし彼は、その言葉を住宅の「二つの目的」の「第一」の目的としてあげた。「作業における迅速、正確さを得るために私たちに効果的な助力を供すべく定められた機械、身体の様々な欲求――快――を満足させるための親切で行き届いた機械」として。

しかしル・コルビュジエが建築としてほんとうに重要だと語ったのは、じつは第二の目的だった。

「住宅は次には沈思黙考のための肝要必須の場でもあり、そこには美が存在し、人間にとって欠くことのできない静逸を心にもたらす、そんな場でもあります。……住宅は或る種の精神のためには美の感覚をもたらすべきだと言っているのです」（『エスプリ・ヌーヴォー』山口知之訳）

ル・コルビュジエは第一の目的「住宅は住むための機械」をもたらすのは技術者の仕事であり、第二の目的のなかにこそ「建築がある」と発言している。にもかかわらず、「住むための機械」という言葉だけが広く流布されてしまったのは、二〇世紀がテクノロジー礼賛の世紀であり、テクノロジーへの恐れが生まれた世紀だったからだ。

26

今日、住宅はますます機械に近づいている。便利で快適な生活のためにさまざまな装置がつけられているからではない。大量につくられ、大量に使い捨てられはじめているからだ。住宅は今後、大量のものと情報を処理する機械となるだろう。そのときしかし、ル・コルビュジエが語った「第二の目的」を獲得できるだろうか。

ひょっとすると近い将来、建築はル・コルビュジエの語った「第一の目的」つまり機械と、「第二の目的」つまり建築に二極分解するのではないだろうか。

第二の目的を志向する建築は、たとえ工業生産化が進んだとはいえ、機械とはならない。なぜなら機械は移動可能だが、建築は大地に適合してこそはじめて建築となるからだ。周囲の環境、土地の形状を無視して据え置かれただけのものは、建築ではなく、やはり単なるものだ。建築は、たとえば敷地がもつ地面の起伏や植物、周囲の建物がどのように配置されているのか、南向きか北向きか、風は強いか弱いか、冬の寒さと夏の暑さはどうか、それら自然環境と人工的環境を積極的に考慮するなかで生まれる。

建築は樹ではないか。その土地で生き、そしてその土地で死ぬ。建築が寄り集まったとき林や森のような静謐と陽気、秩序と多様をもたらさないとしたら、一つ一つの建築はどこか間違っている。

コンピューターの出現により建築をつくり出す過程も大きく変貌するだろう。それは建築の画一化をもたらさないだろう。コンピューターという道具によって、むしろ建築は人間の日常を、過去と未来のなかで、生きる人間そのものをより深くとらえ直す場をもたらすことになるはずだ。ル・コルビュジエの語る「第二の目的」を住まいにもつくり出すだろう。森のような静謐と陽気、秩序と多様を併せ持つ街をつくり出すだろう。ひとつの建築が更新されれば、街全体も甦るだろう。そうでなければ、コンピューターという道具の扱い方を誤っている。

27

ずいぶんと前に読んだ、もう書き手の名も忘れてしまったけれど、あるエッセイをよく思い出す。その人は、現代的な美術館（ルイス・カーン設計によるキンベル美術館だったか）を訪れたとき、ジーンズ姿の一人の少女が裸足で、美術館の展示を見てまわっているのを見かけた。その裸足の少女の姿が美術館の静けさとぴったりと合致し、その美術館の素晴らしさをあらためて感得したという内容だった。

このエッセイを読んで以来、建築を眺めるとき頭のなかで裸足の少女を歩かせてみる。少女は歩きながら、立ち止まり、また歩く。もし少女が素足で歩くことができないのなら、その建築には欠点があると考えるし、もし素足の少女がその建築の内部を自在に歩くことができれば、卓れた建築だと考えるようになった。

裸足の少女が自由に歩ける建築は、安全であるというだけではない。裸足で歩きたくなる建築とは、その建築を身体すべてで味わいたいという思いを抱かせるのだ。

28

建築は視覚だけで味わうものではない。触覚も嗅覚も味覚も聴覚も、人間の五感すべてを働かせ、それまで経験した場所の記憶を動員して味わうべきものだ。たとえ眺めるだけだとしても、あなたは絶えずほかの感覚を働かせているはずだ。荒々しいコンクリートの壁を見れば、ざらっとした触感を味わい、毛深い敷物からは暖かさを味わい、金属の手摺りからは冷たさと鋭い響きを味わい、木肌からは柔らかさとその木材特有の香りを味わっているはずだ。

建築はコンピューターのためにあるのではなく、人間が五感を使って味わうためにある。ひとつの窓から、ひとつの把手から子どものころの記憶を思い出すこともあるだろう。記憶を甦生させるのは、建築の中を、街のなかを歩いて得る小さな感覚である。光と影、音と匂いであり、ふれたときの柔らかさ、冷たさ暖かさである。

あなたが気持ちのよいと思い、好きだなと感じる場所は、五感をきびきびと働かせるどころか、五感を気持ちよく解放させてくれる場にちがいない。

29

人間の身体的な欲望は、あなたが思っているほど大きくはない。生存のためと子孫を残すために必要な最低限の欲望、これだけだ。欲望が肥大し、際限がないのは、すべて頭のなかの妄想から発している。飽食し肥満した身体は、身体的な欲求から生じたわけではなく、脳があれもこれも食べたいと欲したからである。それにしても現代は飽食した人間以上に、必要もない装飾をつけ、必要もないほどに巨大化した、飽食建築が多すぎる。

もう一度、あなたが好きだな、気持ちがよいと感じる場所について考えてみよう。その場所はいろいろな要素が「ある」のではなく、「ない」のではないだろうか。ものが少ない。大勢の人がいない。匂いがしない。雑音がない。そして巨大ではない。

30

いまなお日本独自の文化として世界に通用するのは、茶の湯、生け花、俳句であろう。それらを過去の文化だと思う前に、なぜこれらが世界で評価されるのか、あらためて考えてみるべきだ。それはオリエンタルムードという表面的な価値だけではないだろう。

茶の湯、生け花、俳句。これらは人間の欲望を小さくし、身体を解放するレッスンからはじまる。自由とは放埓《ほうらつ》に生きることだけではない、「自己を強制する自由」（石川淳）もある。

31

「望みをもちましょう。でも望みは多すぎてはいけません」（『モーツァルトの手紙』柴田治三郎訳）

32

「機械は身ぶりを――ひいては人間そのものを――いつか精密かつ粗暴にする働きをもっている。それは物腰や態度から、ためらい、慎重、たしなみ、といった要素を一掃してしまう。機械化によって、人間の挙動は事物の非妥協的で一種没歴史的な要求に従わせられるのである。その結果たとえば、そっとしずかに、しかもぴったりとドアを締めるというような習慣が忘れられていく」（テーオドル・W・アドルノ『ミニマ・モラリア』三光長治訳）

哲学者アドルノの指摘は些細なドアの開閉のことだ。しかし彼の指摘は、じつは巨大な建築が見る者を圧倒することよりも、はるかに大きな問いを含んでいるのではあるまいか。

「機械がそれを操作する人間に要求する動作のなかには、打ちつけたり、続けざまに衝撃を加える強暴さにおいて、ファシストたちの行う虐待行為との類似点がほの見えているのだ。今日経験というものが消滅したことには、いろいろな物が純然たる合目的性の要請の下に作られ、それとの交わりをたんなる操作に限定するような形態を取るにいたったことがすくなからず影響している。操作する者には態度の自由とか物の独立性とかいった余分の要素を認めようとしない性急さがつきものだが、実はそうした余分の要素こそ活動の瞬間に消耗しないであとあとまで残り、経験の核となるものである」(同前)

料理をつくる、掃除をする、洗濯をする、今日何がおきたかを知る、買い物をする、ある場所へ移動する、衣服をつくる、友人と連絡をとる……。あらゆることがスピードアップされ、簡単になった。しかしより大事なことは利便さとどうつき合っていくかであり、その利便さによってアドルノの言う「経験の核」を一つ一つ失っていることだ。

33

建築家とは奇妙な職業である。もしあなたが将来、建築家になろうと考えるなら、このことをよく考える必要がある。建築家はさまざまな建物を設計する。住居、学校、病院、交番、消防署、美術館、レストラン、デパート、工場、オフィス、公園、駅……。ほかにもまだまだ多くの建物がある。

もちろん一人の建築家がこれらすべての建物の機能に精通しているわけではない。それでも多くの建築家は住宅も設計すれば、機会さえあれば、劇場も工場もオフィスビルも交番も設計するだろう。

これは奇妙なことだ。通常何かの職業に就くことは、ある専門領域にたずさわることだ。ところが建築家は住居を設計するときは、そこに住む人たちがどのようなふるまいをするのか思い浮かべる。病院を設計するときは、医者や看護婦や患者がどのように働き、行動するかを知ろうとする。つまりあるときは料理人にも客にもなり、教師にも生徒にもなる。といって料理人にも教師にも実際になることはない。建築が完成すれば建築家は姿を消す。これは奇妙なことではないか。

建築家はまた、建築の中の壁を自分自身で積み上げることをせず、テーブルをつくることをせず、窓をはめ込むことをせず、水道管や電線を配置するわけでもなく、庭の草花を育てるわけでもない。これは奇妙なことではないか。ひょっとすると建築家は必要とされていないのではないかという疑問さえ生じる。

建築家は医者と患者、教師と生徒、料理人と客の代理人なのか。そうではない。建築家は大勢の職人や建築をつくる人たちの統括者なのか。そうではない。建築家は、医者と患者が、多くの建築の使用者が、多くの職人たちや技術者が見ない風景を見ようとする。その見えない風景を見えるものにする、それが建築家に課された役割だ。

34

「(画家は) 真剣になればなるほど、対象に眼を向けつつも、心は次々にそこにあらざる対象を追い求める。……そこにある物と見ようとする物とのあいだにいよいよ大きなずれが、分裂が生じることを感じ得ぬ者は画家になる素質に欠けている」（李禹煥『余白の芸術』）

見える世界と見ようとする世界のずれ。これは画家のみならず、創造にかかわる者すべてがもつ感性だ。建築家が見える世界以上に見ようとする世界は、たとえば病院ならば医者と患者それぞれの立場を超える、よりパブリックな関係だ。与えられた敷地がもつ、固有な風景の秩序へ、つくり出す建築がどのように関与できるかということだ。この感性をもたない者は建築家としての素質を欠くだろう。

35

個性的であるとか、芸術的であるとか、言い古された言葉で評価される建築はいかがわしい。

36

個性とはつねに他者との関係のなかで輝く。もし建築に個性があるとすれば、その建築を使用する人々の関係、つながりを新たに発見し、それぞれの敷地のもつ固有性と、周囲との連続性とを認識したところからしか生まれない。

37

人間のほんとうの悲しみや怒りを他者は共有することはできない。悲しみはつねに一人一人の心のなかに沈潜し、怒りもまたその一人の人間の心の底から発せられる。だから他人の悲しみや怒りを理解しようとすることはできても、共有することは不可能だ。しかし喜びは共有できる。なぜなら喜びとは他者との関係で生まれ、ともにわかち合うときに生まれるからだ。

38

建築は、アランが語るように人間より強い「頑丈な物体」である。にもかかわらず人間の平均寿命を上回る寿命を、現代の大半の建築はもち得ないのではないだろうか。建築それ自体は「物体」として、人間の平均寿命を上回る耐用年数をもっているはずだ。では、なぜ人間の寿命より短い期間で多くの建築が取り壊されるのか。経済上の効率のため、古くなったから。それだけが理由だろうか。

では経済的な効率によってのみ建築は建てられるのか。建築は使用者相互の関係を発見することからつくり上げられる。だから、その関係を経済に求めるのもひとつの方法だ。建物全体をひとつの物体とみなし、技術から考えるのもひとつの方法だ。その方法はつねに新しさを求めるだろう。技術は革新することを目的とする。だから、建築を新しい骨組み、構造によって考えることも、冷暖房や電気や上下水道から考えることも一つ一つの方法だ。

しかし技術的な方法だけでは、建築はつねに完成後に次々とつくられる新しい建築の、新しさに脅かされつづけるにちがいない。経済上の効率だけを考えれば、利益をもたらさない建築はすぐに取り壊されるだろう。

39

建築家は設計した建物が遠い未来まで使われ、愛されたいと希む。そのために設計のなかにできる限り技術上でも素材のうえでも、新しさを込めようとする。しかし建築は、どうあってもいま・ここにしかないリアルな物体である。だからといって建築に未来を託さなければ、生まれたときからその建築の寿命は尽きているだろう。

ひとつの建築をつくり上げるには多くの人々が参加する。巨大な建築でも小さな部材を組み合わせて、つくり上がる。その一つ一つの部材をつくった人たちもいる。だからこそ建築は、たとえそれが小さな住宅であろうとパブリックなものなのだ。そして、そのパブリックな思想は部材と部材をつなぐ細部に表現される。細部に調和がなく、互いに闘っているならば、その建物はおそらく全体を眺めても破綻をきたしているにちがいない。

現場で働いた人々や部材をつくった人々の喜びが建築の細部に込められていれば、その喜びは建築を使う人々にも伝わる可能性はある。建築家の仕事は、人々の喜びを伝えたいという祈りを経験の核としてつくり出すことだ。その経験の核となるのは、使う人々が日常ふれる小さな場、細部がごく自然に感じられる小さな場である。

巨大な建築であれ、使う人がふれ、気持ちがよいと感じるのは、小さな細部からだ。小さな場所が、小さな細部が大事にされなければ巨大な建築は単なる巨大なものとなる。巨大さを感じさせるには、むしろ小さな場所や細部を重視しなければならない。巨大な建築も小さな場や細部が積み上げられて生まれる。小さな細部について熟考したときに、ほんとうに新鮮な建築がつくられるだろう。多くの人々が手がけた建築の細部にこそ、その経験の核は蓄えられる。

40

いま一度、あなたが気持ちのよいと思い、好きだなと思う場所を考えてみよう。それはあなたが発見した場所だ。

建築をつくる人たち、街をつくる人たちがほんとうに希むことは、建築を使う人たち、街を使う人たちが、自分が携わった建築や街のなかに喜びを共有する場を発見してくれることだ。建築は希望という未来へのエキスを一滴注ぎ込むことにより、建築となる。それは小さな場であってよい。たとえその建築が巨大で、高層であろうとも小さな場をないがしろにした建築は、未来の使い手に拒絶されるだろう。未来のためにつくられた小さき場こそ、建築にいま必要なエキスの一滴なのだ。それはいつか未来のあなたたちにもう一度発見されることを希んでいる。

まつやま・いわお／作家・評論家

建築家という職業

――建築は大変だ

妹島和世

建築家という職業についての説明のために、たとえば私がどのような生活を送っているかここで書くことになりました。建築家と言ってもたくさんの人がいますから、その分だけさまざまな建築家像があると思います。ですから私がこれから書くことは一般的でないことも含まれていると思います。ただ、大雑把には、大きな組織に属する建築家とアトリエ事務所という小さな事務所に属する建築家という具合に分けるひとつの方法があって、それで言えば、私は、アトリエ事務所を主宰しています。ですからアトリエ事務所の建築家にはある共通した点があるとも思います。

私たちが日常的にやっている仕事は大きく分けて、どういう建物を建てたらよいか考えること、クライアントや実際に使う人々と打ち合わせしながらその構想を徐々にまとめていくこと、それを図面に表すこと、そして現場といって実際の敷地で建物がつくられていく過程を監理することです。構想をまとめていく過程、そして図面をつくり上げることは、自分たちだけではなく、構造設計、設備設計などほかのコンサルタントの人たちとの共同作業で、最近は、新しい技術に対応するために専門がより細分化していることもあって、多くのコンサルタントと共同することが増えてきています。つまり、設計のチームがプロジェクトごとにでき上がるわけですが、たとえば現在私たちは、前記の二つのコンサルタントのほかに外装コンサルタント、照明コンサルタント、デイライトコンサルタント、音響コンサルタント、防災コンサルタント、コストコンサルタントなどの人たちと一緒にやっていて、プロジェクトによっては必要なシミュレーションによってもっとその数が増えたりします。それらをまとめ上げたり相互の調整をするには、相当量の情報交換や多くの打ち合わせが必要になります。現場に入れば、さらにそこに施工業者の人たちとの打ち合わせが加わります。

仕事を見つけることや、でき上がったものを発表することにも時間を使います。仕事を見つけるには、設計競技（コンペ）に参加する方法が一般的ですが、これはどれだけやっても勝てるという保証はないので相当ハードなものです。作品を発表するということは、写真を撮ってもらったり取材を受けるということですが、それは自分たちの考えたことをでき上がった時点でもう一度冷静に判断をするため、そして多くの人の意見を聞くため、そしてそれらを見てくれた人々から新しい仕事が発生する可能性があるからです。

さらに最近では、いろいろな領域が重なり合ってきているものですから、たとえば、家具デザインとか、プロダクトのデザインなどを依頼されたりもします。それから展覧会というものも相当数あります。自分たちの個展だけでなく、あるテーマのもとでのグループ展への参加、あるいはほかの人たちの展覧会の会場構成であったりします。

最近の特徴は、情報が世界中に広がっているので、仕事の依頼、あるいは設計競技参加の依頼、発表の依頼、講演の依頼が世界中に広がってきているということです。当然、国の数は外国のほうが多いので、依頼は確率的には外国からの比重が高くなります。ここ二、三年、日本にいるのと外国にいる比率は、私の場合、二対一で、月にすれば約一、二回の海外出張ということになります。これはたぶん平均的なものよりはだいぶ多いと思います。このような状態がこの先も続くものなのかどうかは、まったくわかりません。私の場合で言えば、五、六年前から少しずつ増えてきて、現在はこれ以上は無理であろうというのが実感です。

このような状況を進めるための生活をたとえば先月を例にあげれば、月はじめに、二日パリで打ち合わせがあり二人のスタッフと出かけ、その後、ドイツの打ち合わせに寄って帰ってきました。一週間ぐらい日本にいて、一人でスペインでのグループ展のオープニングに出席して、小さなレクチャーをし、その後スタッフと合流してドイツでのプレゼンテーションに行きました。その同じ時期に、別な二人のスタッフが、スペインの別な場所で現在進んでいる仕事の打ち合わせに参加しており、また別な三人がアメリカのプロジェクトのために、ニューヨークに出張しておりました。日本にいた一週間のうち、二日間を金沢の現場ですごして、帰ってきて二、三日ほどで、もう一度、金沢に戻っています。金沢では、私たちにとっては、いままでで一番大規模の「金沢21世紀美術館」の工事が進んでおり、現在、二人が常駐、二人が週に三、四日出張、二、三人が東京の事務所でこの仕事に従事しながら進めています。

あとは、だいたい東京におりましたが、はじめに述べましたように、建物をつくるということは多くの人との共同作業のための打ち合わせがあり、さらには大学でも教えているので、日中は出かけることが多く、夕方から夜中が、スタッフの人たちとの打ち合わせや考える時間です。クライアント、施工業者の人たちを含めてじつに多くの人がかかわっているため、ほんとうにいろいろなトラブルがおきてなかなか大変なプロセスですが、それでもそういう過程を通して建物が実際にでき上がっていくことは大変面白いことでもあります。

ここで五、六年前のことを振り返ってみましょう。当時、共同通信で週一回五回ほど続けて配信された「しごとのデッサン」というコラムです。

コンペ

最近外国の仕事が増えている。といっても正確に言えば仕事ではなく、仕事の依頼に通じるかもしれないコンペ参加への呼びかけである。

この文章の依頼は、コンペのプレゼンテーションのためにオランダにいるときに、事務所からのファックスで知った。プレゼンテーションが終わってホテルに戻ってきたときであったので、出来不出来に関係なく妙に気分がリラックスしていて、得意でもないのに書くということをやってみようなどと思ってしまった。ただ、それから少し休憩して夕ご飯から帰ってくると、事態は思わぬことになっていた。

もともとこのコンペは、結果が一カ月後に出ることになっていた。今年の二月にもシカゴでコンペに参加したのだが、次の日に落選のニュースを受け取ってしまい、ほんとうにがっくり来て、帰りの飛行機がつらかった。だから今回は結果が出るまで時間がかかるからよかったと思っていたのだが、またしても結果を知らされてしまったのである。

今回は落選しなかったのだが、二人が選ばれ、一カ月後をめざして再コンペをやることに決まったという。うれしいような、だけどあの過程をもう一度踏むのかと思うと憂鬱でもあり、でもこれで落ちていたらもっとがっくりだろうななどと複雑であった。

外国の仕事は、英語がしゃべれないから当然なのであるが、いろいろ日本と勝手が違って、ほんとうにコンペに勝ってしまったら大変だろうなという思いがどうしてもつきまとう。だから考えてみれば招待のファックスをもらったときが一番うれしい気がする。何かものすごくよい建物が考えられるのではないかという気持ちにさせられる。いままで一度だけ勝ったシドニー現代美術館のコンペでは結果を聞いて、うれしさより恐ろしさに襲われたのを覚えている。つらいつらいと愚痴を言いながら案を考えている私に向かって、「それなら断ればいいんですよ」とスタッフに言われるのだが、たしかにと思いながら、なんとなくやってみたくもなるのである。（'98年10月20日）

締め切り

先週これを書いてからもう一週間が過ぎてしまった。一週間というものはあっという間に過ぎるものだ、とつくづく思う。しかし設計の仕事はなかなか進まない。このあいだ苦しんでいると書いた再コンペの仕事は、一向に進んでいない。やってもやってもうまくいかない。締め切りの日が近づいているだけ余計に苦しくなった。

今週は別の締め切りも二つ抱えている。二つともやはりコンペで、うちひとつはこれもまた外国のものである。いくらなんでもそんなにコンペがあるわけではないのに、たまたま重なってしまった。

ナポリの近くにサレルノという小さな古い街がある。この旧市街をどのように再生するかという全体計画と、四つの古い建物の改築の提案が求められている。昔は修道院だった建物が、あるときから刑務所となり、現在は何にも使われないで放置されている。

日本ではほとんど考えるチャンスがないことであるから、面白いかなと気楽に招待を引き受けてしまった。そしていまはちょっと後悔している。そんなことばかりしているから、そんなに仕事があるわけでもないのに（コンペは非常に恵まれたケース以外は、仕事としては成立しない）、つまり貧乏なのに、事務所はめちゃくちゃ忙しくなってしまう。

ふと気がつくと、事務所を一人ではじめてからもう一〇年以上が過ぎた。昼夜の区別がないような、毎日が何か障害物競走のような生活も、最初はまだはじめたばかりだからしょうがないとなんとなく思っていたが、結局一〇年経っても何も変わっていないような気がする。最近では、そうするともしかすると、あと一〇年経って自分が五〇歳になっても、結局このままなのかなあと、ふと心配になったりする。いや冷静に考えればそうにちがいない。

　ではなぜ続けているのかといえば、やはり自分が考えたものが具体的なものになり、そして実際に使う人に喜んでもらえたときに非常にうれしく、ありがたい気持ちにさせてもらえるからだと思う。（'98年10月27日）

イメージ

　なんとか二つのコンペの締め切りをクリアして少しほっとしたが、提出間際はすごい騒ぎだった。いざプリントアウトというときに、必ず何かトラブルがおこる。部分的に色がとんだり、データが重すぎて予定したように出てこなかったりする。調整しているだけでどんどん時間が過ぎていってしまう。

　あと三、四日で最後の一つを提出して、一応ひと区切りつく。事務所内は、それに向けて妙な静けさが漂っている。早くゆっくり食事がしたい。

　ファサードの設計をさせていただいた東京・銀座の店舗が一〇月のはじめにオープンしたのだが、なかなか評判がよいという手紙をクライアントの方からいただいた。そう言っていただけるとこちらとしては大変うれしい。

　建築の設計はまだ見ることのできないものを頼んでいただくわけであるからなかなか難しい。図面や模型を使って何度も打ち合わせをするのだが、それでもでき上がったものを見ているわけではないので、最後に、自分の思い描いていたイメージと違うと言われてしまったらどうしようもない。それにイメージというものは微妙なことで大きく変わってしまったりする。たまたま私は非常によいクライアントに恵まれていてそういうトラブルにはほとんど遭っていないが、けっこうつらい職業である。さらに最近は、いわばスペースの質、あるいは性能とでもいうものが、あるひとつの数値だけから判断されがちである。ある人のことを身長何センチで体重何キログラムだから大変よい人であるとは判断できないのと同じように、スペースの快適性もいろいろな要因の関係からでき上がってくると思うのだが、そういかないことが多くなってきている。

極論すれば、機械でコントロールしやすいものが一番よいということになってしまい、できるだけ予測のつかないものを排除し、どんどん重装備になってくる。もちろん限度はあるが、もう少しおおらかに、たくましく生活するということも楽しいのではないかと思うのは設計者の甘えだろうか。（'98年11月2日）

バランス

三日前についに最後のコンペ作品の提出を終え、事務所は通常の業務に戻った。送るのでは間に合わないので、スタッフの一人が急遽もって行くことになった。ほっとしてうれしいものの、異常な状態が長かったぶんだけ、逆に通常の状態に戻るのに少し時間が必要である。急に寒くなってきたこともあって、妙に不安がつきまとう。

来週からオランダの建築学校で一週間ほど教える。行っているあいだにオランダのコンペの結果も出るにちがいない。間の悪いことであるが、教える約束をしたのはずいぶん前のことであるから仕方がない。

建築が専門でない方は、一週間という短期に何が教えられるのかと思われるかもしれないが、建築の授業のなかにはワークショップといって、限られた時間内で、何かプロジェクトをまとめるというものがある。その間、朝から晩まで学生とディスカッションしながら何かをつくり上げる。

前にメキシコでもやったことがあるが、そのときは、学生のなかに向こうの大学の教授がたくさん入っており、何かこちらが意見を言うと、それに対していろいろな資料がもち込まれ、まるでこちらが講義を受けているような具合になってしまった。今回はどんなことになるのか、はじまってみなければわからないが、来週これを書くときにはご報告できるにちがいない。

ちょうど三日前の夜中、今度はローマのコンペの一次予選が通ったというファックスが入った。二次は残った一五人の建築家で行われ、締め切りは来年の二月である。

いまはまだ疲れが十分に回復していないから、こんなことを続けるのは少しつらい気がする。声をかけていただけるのはありがたいにしても、もう少し何に参加するか考えなくてはいけないのかなあと思う。考えることは楽しい。それでも、考えることと、それが現実にものとして

でき上がることとのバランスが、ある程度とれていないとちょっとつらい気がする。（'98年11月10日）

ワークショップ

オランダの建築学校でのワークショップが終わった。来る前は一週間も滞在するのは少し退屈だなあなどと思っていたが、あっという間にすぎてしまった。

約五〇人の学生が六グループに分けられている。一グループ一時間としても打ち合わせするだけで六時間はかかる。うまくいっていないグループは少し気を許すと三〇分ぐらいすぐにオーバーしてしまう。そのほかに夜の八時から私とパートナーの公開レクチャーが二日あった。毎日こちらの建築家との食事が一〇時から一二時ぐらいまでかかり、ホテルに帰って寝るのは夜中の一時から二時になってしまう。

日本と大きく違うのは、いろいろな国から学生が集まっていることであろう。母国語でない英語を使いながら、考えを述べて課題をまとめていく過程は感動的ですらある。

国ごとの考え方の違いがはっきり浮き出たりして、それをなんとかまとめていく。ある時点でクリアに自分の意見が言えるか、あるいは、クリアなスケッチが提出できたかでグループ全体の流れを自分にもっていけるかどうかが決まるようだ。

いまは空港にいる。来る前に一次通過の連絡をもらったローマの現代美術館のコンペの敷地見学にこれから行く。事務局の人と会って、やっと明日日本に帰ることができる。ヨーロッパはやはりつながっているらしくて、たくさんの人に一次が通ったことのお祝いを述べられる。人によっては結局イタリア人を選ぶだろうとか、イタリアでコンペに勝っても絶対に実現しないなどとアドバイスしてくれる。

こちらにいるあいだに知ると思っていたオランダのコンペ結果は明らかにされなかった。オランダ人は大きな関心をもっていて、毎日のように何かわかったかと聞かれる。わからないというとヘンだとみな首をかしげる。通常より状況がこみ入っているらしい。

これを書きはじめることを決めたときから何も状況が変わらないままもう一カ月半が過ぎてしまった。でも私としてはほっとしている。(,98年11月17日)

五年前を振り返ってみてもやはり同じような状況だったのだと痛感させられます。

自分の事務所を開いて一五年ほど経ちます。バタバタしているうちにあっという間に過ぎてしまいました。はじめのうちはまだはじめたばかりだから大変なのだと思っていましたが、あるときふと気づいたら一〇年が過ぎており、大変さの度合いは五年前とまったく変わっていないことがうかがえます。たぶんこれからもこのような生活を送っていくのではないかと思います。

せじま・かずよ／建築家・慶應義塾大学教授

自然の力は偉大なり

――建築はかよわい

水津牧子

二〇〇一年九月一一日、夕食後、台風の影響を見ようとテレビをつけると、ニューヨークのワールドトレードセンター（ＷＴＣ）から煙が出ている映像が映し出されていました。火事でもあったのかなと解説に耳をすますと、「事故」という説明。大変だと思いながら夕食の後片づけをしていると、子どもたちの「エッ！」という声、振り向くと赤い炎が見え、「飛行機がぶつかった」との解説。旅客機のような戦闘機があるのかなと思いながら、画面から目が離せず食い入るように見つづけていました。

その後テロによる破壊行為ということが明らかになってきました。しばらくするとタワーが一棟しか見えない映像が映り、アングルのせいなのか、と思っているとキャスターの「南棟が崩壊したようです」の声。その後、南棟が崩壊する様子が繰り返しビデオ映像で流れました。こんなことが現実におこるのかと信じられない気持ちでいると、今度は北棟の崩壊がはじまり、ほんのわずかの時間に四一〇ｍ（一一〇階）もの高さの二棟の建物は崩壊してしまいました。

さっきまでドッシリとそびえ立っていた建築が壊れる瞬間を自分の目で見ながらも、現実のものだとはどうしても信じられない気持ちでいっぱいでした。

その後、詳しい状況がわかるにつれ、一時間以上も多量の航空燃料が燃えつづける火災にタワーが耐えたことは、通常の建物に要求されている性能を超えて、その間に多くの人たちが避難することができたのだからと思うようになりました。欲を言えば、最後の一人が避難するまで耐えてほしかったのですが……。

写真１　マンハッタンにそびえ立つワールドトレードセンター

現実に建物が崩れ落ちる瞬間を映像で見ながらも、依然として私を含めた多くの人は建物はドッシリと地面からそびえ立ち、安定しているものとの常識を持ちつづけています。

古代から、さまざまな自然条件（重力、地震、風、雪、水）や火災などから身を守るため、人々は工夫を重ねてきました。そのため、建物に対してこのような安心感をもてるようになったのでしょう。近年は、これらの外力（荷重）に対して安全性を確保するだけではなく、宅地造成、酸性雨、地球の温暖化、フロンガスによるオゾン層の破壊といった人工的な要因による災害や、多くの人が集まることに起因する災害、テロによる災害など、多様化する要因に対応しなければならなくなってきました。

テロに対処する設計なども最近では考えられているようですが、ここでは建物が自然から受ける外力や火災に対する安全性を高めるために、どのようにしているかを紹介しましょう。

日本は世界一大きな大陸と海、ユーラシア大陸と太平洋の境にあります。海底は大陸の下にもぐり込むために地震が多く発生します。日本の面積は地球上の陸地の約四〇〇分の一ですが、日本列島とその周辺から放出されている地震や噴火のエネルギーは地球全体の約一〇分の一と聞いたことがあります。平均の四〇倍という地殻変動の激しい位置に日本があるため、地震や噴火といった災害に遭うことを覚悟して、それに備えておく必要があります。また、低気圧が通りやすい地帯になっているので風水害も多くおこります。このような厳しい自然条件ですが、水に恵まれ緑も多く大気汚染も風のおかげで緩和されるなど恩恵も受けています。

このような地理的条件のため、日本では多くの建物の構造体は大きな地震や強い風に対して安全であるようにつくられています。壁が多く柱や梁は太くがっしりとしています。

寺田寅彦は短文集『柿の種』に「日本は地震国だと言って悲観する人もあるが、人間の歴史はあまりに短いので、現在地震が来ないと言われている場所でも三〇〇〇年とか五〇〇〇年に一度大地震が来てひとつの国が全滅するようなことがおこるかもしれない。その三〇〇〇年か、五〇〇〇年は明日にも来るかもしれない。そのときには、その国の人々は、地震国日本をうらやむかもしれない」と言うようなことを書いています。繰り返し経験していることへは、ある程度備えることができます。とくに、ひと時もその影響から逃れることのできない重力に対しては、専門家でなくてもまた理屈抜きに多くの人が備えることができます。とはいっても庇やバルコニーなどときどき落下して被害を出しているようですが……。

また先ほどもふれましたが、日本は大きな地震を受けますので、災害のなかでもとくに地震が発生した場合、人的な被害を出さないように各種の法律が定められています。しかし法律に定められているのは人的な被害を出さないという点に重点がおかれていますので、大きな地震が発生した場合には建物にひびが入ったり、ひどいときには傾いたり倒れたりというような被害が発生します。地震による被害を受けたくない場合や、病院など被害を受けては困る建物を建設する場合は、建設する場所の選択から考えなければなりません。地震への対策は専門的な知識が多くなりますので、ここでは地震を取り上げません。建築家のなかに構造設計を専門にする人たちがいますので、法律で定められたレベルより丈夫な建物をつくりたい場合は、これらの人たちに相談することをお薦めします。

風—タコマ・ナローズの悲劇

少し古い記録になりますが、日本では明治三六（一九〇三）年から昭和二七（一九五二）年の五〇年間に建物に被害をもたらした暴風二一二回のうち、台風によるものが六二・七%、温帯性低気圧によるものが二五・六%、そのほか局地風（赤城おろしなど各地で固有の名前がつけられている）が一一・七%となっています。

風の対策として次のようなことが行われています。

①防風林・屋敷林で風を防ぐ。
②軒の出を小さく、軒高を低くして風あたりを小さくする。
③四隅を隅切りするなど平面形状を工夫する。
④高層建築の周囲に低層部を配置するなど風の流れを誘導する。
⑤建物の中間層を中空にするなど断面形状を工夫して風の流れを誘導する。
⑥強風が予測される場合に建物の使い勝手や使用目的を一時犠牲にして暴風対策を施す（ゴルフ練習場のネットを下ろして受風面積を少なくするなど）。

現在でも建物の骨組みに被害を与える風の一種に竜巻があります。竜巻の詳細な構造はまだよくわかっていないようですが、建物に与える力として、まず大きな風速（一〇〇m／sぐらいに達するものもあるそうです。四〇m／sで立木が倒れるような強さですので強烈なエネルギーです）によって生じる風圧力があります。竜巻の中心付近は、気圧が急激に低くなるため、しっかりと固定されていないものがもち上げられるという現象や、建物内部とのあいだに圧力差が生じて建物を爆発させるような力も生じます。さらに、竜巻による飛来物は回転しながら槍のように飛ぶので、厚い壁や屋根に穴をあける力ももっています。

しかし最近では、気象情報や防災対策の進歩、それに過去の風害のデータに基づいて対策が立てられているため日本では、建物の主要な骨組みが壊れる例は少なくなってきています。

建物ではありませんが、風による被害で印象的だったのが、アメリカのタコマ橋の崩壊です。一九四〇年、建設当時支間長さ世界第三位の長大吊り橋タコマ・ナローズ橋（長さ八五三m）が、竣工後間もない一一月七日の朝、わずか一九m／sの風で崩落しました（写真2）。設計にあたって想定されていた風速は五三m／sにもかかわらず、設計風速の約三分の一もの力で崩壊したことになります。事故の前から橋床の揺れが大きいことが指摘され、その日も現地では調査のため橋の波打つ様子が映画に撮影されていたのですが、その突発的におきた崩落の壮絶な事故の様子はそのままフイルムに収められました。橋床の水平方向の振幅は六〇㎝にすぎないのに、上下方向の振幅は九mにも達し、リボンのように揺れたといわれています。この事

a　揺れはじめた状態

b　崩壊の様子

写真2　タコマ・ナローズ橋の崩壊

a　雁行状に並ぶ高床式の書院群

b　桂川と堤防を介しての桂垣

c　竹の生垣でつくられた桂垣

写真3　桂離宮に見る洪水対策

故については、大規模な風洞実験も含めて一〇年近い歳月をかけて徹底的な研究が行われ、ようやくこのような現象をおこす原因が明らかとなり、その対策を立てることができるようになりました。

高層住宅やホテルでは、風による揺れや音が問題になることがあります。最近ではこのような現象を防ぐために、風のエネルギーを吸収して揺れを少なくするためにアクティブマスダンパーを設置したり、制振装置を設置する建物もあります。

雪――地域で異なる積雪事情

最近では、豪雪による建物の崩壊はあまり発生しないようですが、これも過去の経験からいろいろな工夫がされたためです。

昭和三八（一九六三）年一月の大雪では、北陸四県の平野部や福井、石川、山形の山間部で過去の最大積雪記録を超える大雪に見舞われ、積雪や雪崩により全国で建物の全・半壊一六三一棟、死者一八四人という大きな被害になりました。

雪の場合は深さだけではなく、雪の密度も大きな影響を与えます。全国の平均密度は約一kN／m³ですが、雪の多い地方では密度も大きくなっています。積もりはじめてから融けて消えるまでのあいだの雪を観測すると、雪が降り積もっている時期（積雪深が増加する時期）より雪が融ける時期（積雪深が減少する時期）のほうが雪の密度は大きくなり、地域による違いもなくなって、約五kN／㎥となっています。さらに雪が一番深く積もったときより一〇日から一カ月程度経ち、雪が融ける時期に密度は最大になります。

このような雪への対策をまとめると次のようになります。
①ある深さ以上積もると人手で雪を下ろす（雪下ろしをすることを条件に屋根の雪荷重を最大積雪量から減らして設計する場合は、出入り口など見やすい場所に看板を掲げることになっている）。
②屋根の形状を工夫（急勾配に）して雪が自然に落下するように設計する（雪が隣地に落下する住宅密集地や、広い敷地でも滑り落ちた雪が建物の壁やガラス窓に大きな力を与えるため、その対策が必要）
③融雪装置（一〇～一五℃の温水を屋根面にそって流す方法など）をつけて雪荷重を減らす工夫をする。

水──桂離宮に学ぶ

水には直接的な被害（水による腐朽・錆・浸食）と土石流、地滑り、斜面崩壊などや地下水位の上昇によるものなどがあります。

水をどのように制御するかという治水が、古代から国土政策上非常に重要な課題として取り組まれてきました。それほど多くの被害を受けているのです。建物自身が損傷を受ける例こそ少なくなっていますが、つい最近でも東京都心で地下に浸入してきた水のために人が亡くなっています。このような都市型の水害の特徴はきわめて局地的で短時間の雨で発生することです。

少し古いデータですが自然災害による原因死亡者数は旧建設省の調査資料（昭和四二～五三年）によると、崖崩れ九九〇人（三一・三％）、洪水など一一八八人（三七・六％）、土石流九八二人（三一・一％）でほぼ三分の一ずつとなっています。洪水がおこると住宅などは基礎ごと流されることがあり、このような場合に有効な対策はまだありませんので、洪水が発生しないように堤防をつくることが必要です。

桂離宮は、桂川の氾濫の影響を受ける場所に建てられています。ここには見事な洪水対策が施されています（写真3）。過去の洪水記録の一番高い水位より少し高く床の高さを設定しています。また洪水の流れが、まともに建物に作用しないように幾重にも竹垣が設けられています。これらの竹垣は同じものではありません。一番川に近いところに設けられたものは洪水のエネルギーを減少させるように目の粗い竹垣を、その内側には流れ込んできた土砂を通さないように目の細かい竹垣を設けるなどの工夫です。

土塀や板塀では洪水のエネルギーをまともに受け止めるため、倒されてしまう危険性があります。倒されてしまっては塀が受け止めていた洪水のエネルギーを建物が直接受けることになってしまい、建物の設計に余計な力を見込まなければなりません。しかし、いろいろな種類の竹垣を使い分けることによって、洪水になった場合でも被害を最小限に押さえるように知恵を働かせているよい例といえるでしょう。

建物内に水が入らないよう、屋根の形状を工夫し、防水性の高い材料が屋根には使われ、地下ではしみ込んでくる水を排水する設計が行われています。このような日常的な対策以外の水への対策を次に示します。

①崖崩れなど斜面崩壊の対策としては、斜面の断面形状を変更する、地表水や地下水を排水して斜面の間隙水圧を減少する、擁壁や杭などの構造物で斜面の抵抗力を増すなどで土塊が滑り落ちないようにする。たとえ滑り落ちても影響のないようにしておく方法もあります。

②洪水対策としては発生しないように堤防をつくることが必要です。村を輪のように取り囲んで築かれた堤防（輪中堤）という江戸時代につくられたものが多く現存しています。

③防水板などで建物内に水が入らないようにする。

④地下水の上昇により建物が浮き上がらないようにする。

このように建物自体で抵抗できる点は少なく、地域としての対策、建設場所の選定など広い視点での対策が必要になります。また、洪水がどのような降雨条件でおこるのかを調査しておき、危険なほどの雨量になる前に避難するなどの対策をとることもできます。

そのほか、地下水による災害もあります。地下水が建物の亀裂部分から建物内にしみ込んでくるだけではなく、建物が地下水圧によってもち上げられることもおきています。地下構造物、とくに地下深くに軽い構造物を設計するときは地下水による浮力に注意が必要です。構造物の重量を増したりアンカーをとるなどの対策が必要な場合があります。地下水位は降雨などにより設計時より上昇することがありますので、その点も注意して設計しなければなりません。

火災──逃げ場のない事故

一般的に木材は火災に弱いと思われていますが、それは断面積が小さい部材の場合にあてはまることで、大きな断面の木材は外周部分が燃えて炭化すると、その部分があたかも耐火被覆のような役割を果たし、中心部の温度が上昇するのを防ぐように働きます。柱の場合は上部の重量を支えるのに十分なだけ燃え残った断面積があると、火災が収まるまで建物が壊れることなく支えつづけることができます。

一八世紀末ごろに鋳鉄が構造材料として用いられるようになった背景には、工場建築の照明に用いられた「裸火」による火災に対して耐火性を増すためと言われています。木造の床組みに代わって使われはじめた鉄（鋳鉄や鋼）ですが、鉄もあまり温度が上昇してしまうと荷重を支えることができなくなってしまいます。

図1は構造材に使われる鋼材の強度などの性質が温度により、どのように変化するかを表したものです。二五〇〜三〇〇℃以上になると、強度が急激に低下するとともに軟らかく（ヤング係数が低下）なります。このような性質がありますので、高温になるおそれのある鉄骨は火災により温度が上昇しないように耐火被覆をしなければなりません。一度火災などにより七〇

写真5　ハムラビ法典の碑

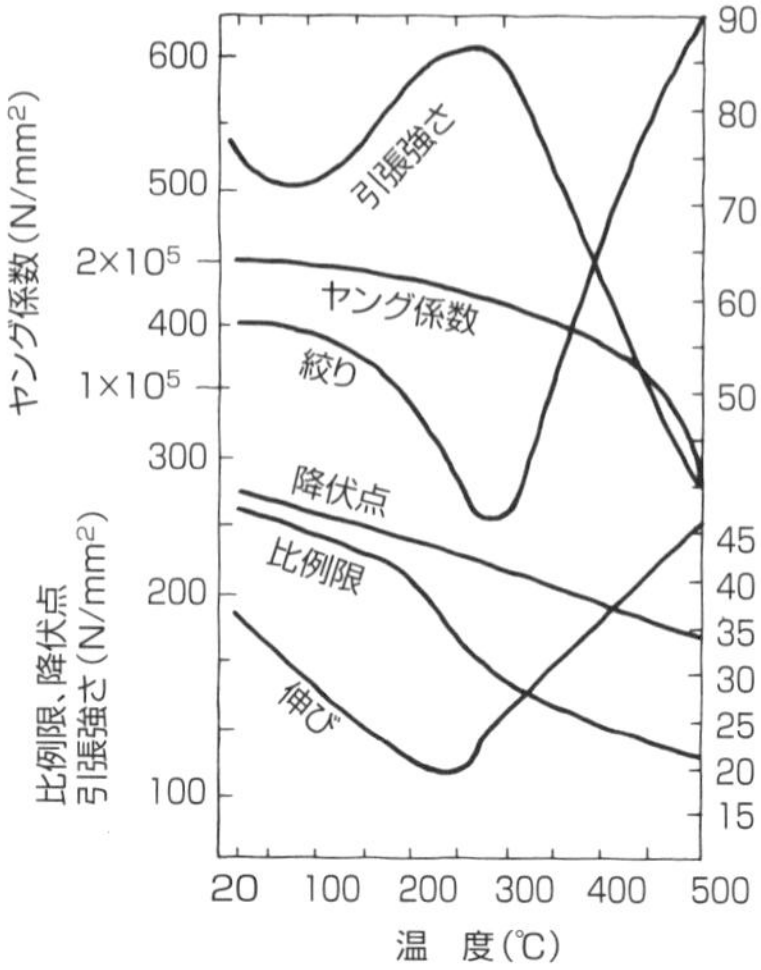

図1　構造用鋼材の高温時の性質

写真4　ガス爆発による崩壊

〇℃以上の高温にさらされた鋼材は常温に戻ったあとも弾性限界が低下するなど影響が多少残ります。

鉄筋コンクリート構造ではコンクリートが鉄筋の耐火被覆の役割をしますが、コンクリートも長時間高温にさらされると強度が低下します。直火にさらされた面の強度低下が大きいので、火災後も一見しっかりとして見える鉄筋コンクリート構造では被災後に建物を安全に支え、地震などにも耐える強度が残っているのか調査が必要です。

火災への対策ですが、まず危険物をもち込まないなど火を出さないことですが、火が出た場合は延焼を防ぐ仕組みをつくることです。

万一火災が建物内に発生した場合は、次に記したような対策により被害を最小限に食い止め、火災を受けても構造体が建物の重量をしっかりと支えることができるように構造計画を行い、被災後の再利用を可能にすることなど設計時に考える必要があります。

①燃え広がらないようにする（熱感知器や煙感知器で火災発生を早い時点で認識し、スプリンクラーなどで初期消火を行う。防火区画・防火戸・庇を設ける）。

②燃えるものを少なくする。燃えない素材を使うなど不燃化する。

③煙や熱による被害を最小限にする（防炎垂れ壁・防火区画・防火戸を設ける）。

④避難しやすい建物を計画する（二方向避難・避難誘導灯・わかりやすい避難路の確保・安全な避難階段の設置・排煙設備）。

⑤有毒ガスを発生させない材料を使う。

火災の九六・二％がスプリンクラーだけで消火ができたというアメリカのデータがあり、初期消火への有効性が確認されています。また建物一棟ごとの防火対策ももちろん大切ですが、都市や街として、幅の広い道路や樹木の多い公園を配置して火災の広がるのを防止するなどの都市計画も必要です。

ここまでは通常の火災に関する話ですが、建物ではガス爆発がおこる可能性もあります。このような場合、構造体は衝撃的な圧力や高温にさらされます。イギリスで一九六八年に二四階建ての集合住宅で発生したガス爆発では写真４に示されたように一八階の壁がなくなったことが引き金となって、建物の一部分が全階にわたって壊れてしまいました（ＷＴＣを思い起こさせます）。この事故のあとイギリスではガス爆発によって支持部材が失われても建物の崩壊を引き起こさないように、大型プレキャストコンクリート板構造では各部材を緊結し、一体性を高める工夫がされています。

建物は長いあいだ使いつづけられます。日本ではいままで比較的短い（二〇〜三〇年）寿命でしたが、最近は一〇〇年以上使いつづけることをアピールした建物が建設されています。使用期間が長くなると、その間におこる地震や暴風雨は、短期間のものに比べて大きく想定しなければなりません。大きな外力に耐えるようにつくり、長きにわたって使うことが大切です。

しかし安全な建物をつくるには費用も多くかかりますし、日常の使用で不便になる場合もあります。安全と使いやすさと経済性のバランスを考えて設計しなければなりません。

「目には目を、歯には歯を」で有名なハムラビ法典は、完全なかたちで残る最古の法典としてハムラビ王（在位紀元前一七二八～一六八六年）が発布したものですが、このハムラビ法典には建築物の安全性を確保するために厳しい規定を設けています（写真5）。建築家は高額な報酬を得る一方、住宅の壁が損傷して危険になったら建築家自らの負担で補強しなければならないだけではなく、住宅が壊れた場合は傷ついた家具や家財を含めて無償で再建しなければなりません。さらに、その崩壊で家主が死亡した場合は建築家が、家主の息子が死亡した場合は建築家の息子が死刑となり命が奪われます。住宅の持ち主は役所から安全でないと警告された住宅を修理しないで他人を住まわせ死亡させた場合は、その家主が重大な罪を犯したと見なされます。このような規定を設けなければならないほど、建物が壊れることが多くあったようです。

約四〇〇〇年後の日本では、安全な建物をつくるためにいくつもの法律が定められているにもかかわらず、肝心の責任の所在が曖昧な点に問題があります。加えて建物の価値が新築時をピークとして下がるだけの税制も要因のひとつにあげられますが、安全な建物として設計・施工されたものでも、維持管理（錆やひび割れ、白蟻による被害や腐った木材を放置するなど）

をおこたったり、使い方を誤る（避難階段にものが置かれている、防火扉を閉まらないようにしているなど）と建物の安全性が落ちることが一般に知られていない点も問題です。建築家や施工業者、建物の所有者の責任が曖昧で、建物の欠陥や建築基準法違反の建物が目につく現状を考えると、ハムラビ法典の時代がうらやましく思えます

建物の性能、とくに安全性はつくり方と使い方の両方によって成り立つものです。法律によってつくり方（設計・施工）をいくら規制強化しても、維持や管理を含めた使い方が適切でなかったり、あるいは誤っていれば大きな災害を引き起こします。使い方が大切であることを多くの人に伝える努力が必要だと強く感じます。

また過去の歴史を見ると、技術の過信から橋や建物が壊れる例があります。自然もつねに変化し過去の経験から得られた範囲を超える場合があり、技術の進歩に伴って新しい災害（思いも寄らないこと）がおこることも考えられます。マニュアル化が進む現代ですが、技術を過信することなく、自然の偉大さを忘れず、基本に立ち戻って考えることが大切だと思っています。

すいつ・まきこ／ソフト会社勤務・構造家

シックハウス問題

●——建築が毒になる

田辺新一

迫りくるシックハウス症候群

社会が成熟してくるといつの世でも、「健康に長生きしたい」という欲求が出てくるものだ。とくに、日本のように二〇二〇年には、四人に一人が六五歳以上の高齢者となる社会ではなおさらである。長時間をすごすことになるその大切な住宅で、いま「シックハウス」と呼ばれる住宅や建築に起因する症状が報告されている。時には、新聞の一面を占めることもある。知識が不足して、知らず知らずのうちに病気になってしまっては大変だ。住宅の中で子どもが頭や目が痛いと訴えたり、喘息になったり、気分が悪くなったり、アトピーが悪化したり、こんな症状がもしかするとシックハウスかもしれないのである。

シックハウスの原因には汚染化学物質だけでなく、カビ、ダニ、花粉、レジオネラ菌などさまざまな原因があるが、現在大変心配されているのがホルムアルデヒド、トルエンなどの化学物質である。

日本でなぜシックハウス問題が生じてきたのか。この問題を考えることは、戦後の日本の住宅の変遷を考えることにつながる。家電製品と同様の感覚で住宅が販売されるようになり、とくに工業化住宅がその普及率を上げてきた。なにせ、一年に一〇〇万戸以上の新築住宅が供給されつづけているのである。欧米に比較して、総数でも人口比でも極端に多い。その関係で、住宅生産が全国的な規模の産業として成立するようになり、画一化、低コスト化などの経済原則に支配されてきた。

一方、物理的な側面から、省エネルギーや地球環境問題への対策の一端として、住宅の気密性・断熱性を向上させてきた。もちろん高気密・高断熱化は、エネルギー消費量の削減や、住み心地も向上するため悪玉ではない。しかし、汚染化学物質の放散量の高い建材や施工材が室内に多く用いられていれば悲惨である。また、有名建築家の住宅でも室内汚染化学物質の濃度が高いものもあり、工業化住宅だけの問題でもないのである。

加えて、住宅を建設する熟練工が不足している。いわゆる職人気質が薄れてきたのである。何でもペタペタ接着剤で貼り付ける。また、経済原理で工期をなるべく短縮する。大学を出てサラリーマンになるのが理想で、職人の待遇、とくにプライドを傷つけてきた現代社会の代償ではないだろうか。しかし、その理想であったサラリーマン社会も崩壊の危機を迎えているとは皮肉なことである。

一九九九年四月二七日、参議院国土・環境委員会で表1のような質疑応答があった。その内容の一部を紹介しよう。国会でもかなり専門的な質疑が行われたことと、室内濃度を問題にする際には、換気のことを考えなければならないことを理解していただければ幸いだ。

弘友和夫議員　シックハウスの問題。先ほど局長は、非常にこれは測定の基準とかなんとかいうのは難しいというようなお話がございましたけれども、この環境共生住宅の内容を見てみましたら、室内空気質、もう規格がきちっと決められているんです。合板類はこういうふうな基準であります。畳、カーペットなどの下地材も対象としますよとか、収納家具についてもこうですよとか、壁紙はこうですよというような基準はきちっと設けているわけです。

そうすると、反対にこうしたものを今回の表示基準のなかに取り入れてできるんじゃありませんか。そして一本にまとめてやったほうが一番わかりやすい客観的な評価になるわけです。比較検討ができるというのが一番大事なことだと思うんですけれども、この辺についてはどういうふうにお考えですか。

政府委員（住宅局長）　今のシックハウスの点からお答えしますと、たしかにそういう項目を認定の対象としていることは事実なんですが、室内空気質といいながら、実際にはこの資料にも、お届けしてあると思いますが、内装材とか部材の接着剤とか、材料の使用基準で表現しているわけです。そういう意味では、本制度として取り上げて、性能表示項目として有害化学物質の室内濃度として表示することは難しいと。先ほど申し上げましたけれども、室内濃度基準として表示することは難しいんだけれども、必要だから何とか研究を含めて頑張りたい。こういうふうに申し上げておりました。その頑張りたいというところのなかに、当面は、いきなり空気濃度全体を表現するのは難しいから、材料だけでも仕方ないじゃないか、こういうふうになったならば、おっしゃるとおりここで行われている材料の表示認定と似たような、この部分においては同じようなことになるかと思います。

中略（シックハウスに関するさまざまな質問があり）

政府委員（住宅局長）　1年後の施行時期までに、こういう化学物質の室内濃度がこの規制の表示項目として取り上げられるようになるように死に物狂いで検討をさせていただくことはお約束させていただきます。

中略（関連する質問）

国務大臣　……シックハウスということは、ほんとうに体によくないとかどうとかいう以前の問題、これは生命にかかわる問題ですから、それはほんとうに真剣に対処していくように私は指示したいと思います。

表1　参議院での審議（1999年4月27日）

毒になる

室内環境汚染は怖い

1　汚染化学物質

建設省、厚生省、通産省（当時）、林野庁を中心として組織された健康住宅研究会では、ホルムアルデヒド、トルエン、キシレン、木材保存剤（現場施工用）、防蟻剤、可塑剤の三物質、三薬剤を優先取り組み物質とした。テレビコマーシャルでもよく耳にするようになったホルムアルデヒド。日本ではホルムアルデヒドに関するガイドラインがなかったが、厚生省（当時）はホルムアルデヒドの人体への影響に関して、一九九七年六月に、三〇分平均値で100μg／m³（25℃換算で0.08ppm）以下とした。また、これまで揮発性有機化合物（VOC）のガイドラインはなかったが、シックハウス（室内空気汚染）問題が重要視されるようになり、厚生労働省がガイドライン化を進めている。

厚生労働省のシックハウス問題に関する検討会は、ホルムアルデヒド以外の建材・施工材および防虫剤に含まれるトルエン、キシレンおよびパラジクロロベンゼンの室内濃度指針値を発表した。表2は二〇〇二年一月までに一三物質の指針値が定められたガイドライン濃度である。トルエンについては、人の曝露に関する知見から、神経行動機能および生殖発生への影響についての最小毒性量をもとに、室内濃度指針値を260μg／m³と設定した。キシレンについては、妊娠時に吸入曝露されたラット母動物から生まれた雌の仔動物の発育に関する知見から、中枢神経系発達への影響についての最小毒性量をもとに、室内濃度指針値を870μg／㎥と設定した。パラジクロロベンゼンについては、ビーグル犬における強制経口投与での曝露に関する知見から、もっとも感受性の高かった肝臓や腎臓などへの影響についての無毒性量を吸入曝露に換算し、室内濃度指針値を240μg／㎥と設定した。これらのガイドラインは、人に対するシックハウスの影響が明確になって決められたのではない。毒性学に基づく最低ラインとして決められ、シックハウスを予防するための値なのである。これまでの公害問題が示しているように、因果関係が明らかになってから対策しても手遅れなのだ。パラジクロロベンゼンは、建材が原因ではなく、住まい手が防虫剤として使用している化学物質である。防虫のためにはなんらかの対策が必要であるが、化学物質を使用しすぎることでさまざまな問題が生じる。

加えて、標準的な室内空気中化学物質の採取方法と測定分析方法が示された。これまで、採取方法と測定分析方法が示されていなかったため、具体的な対策が遅れていた。しかし、塗料、接着剤などに用いられているトルエン、キシレンのガイドラインが示されたことで、住宅、建築の内装工事には大きな影響が出てきている。設計者は注意をもって設計・施工をしなければ、問題が生じた場合に訴訟がおきる可能性すら出てくるのだ。

さらに、表2に示すようにスチレン、エチルベンゼン、フタル酸ジ‐n‐ブチル、クロルピリホスの濃度ガイドラインも定められた。テトラデカン、フタル酸ジ‐2‐エチルヘキシル、

毒になる

表2　厚生労働省ガイドライン値

揮発性有機化合物	室内濃度指針値	設定日
ホルムアルデヒド	100μg/㎥	1997.6.13
アセトアルデヒド	48μg/㎥	2002.1.22
トルエン	260μg/㎥	2000.6.26
キシレン	870μg/㎥	2000.6.26
パラジクロロベンゼン	240μg/㎥	2000.6.26
エチルベンゼン	3,800μg/㎥	2000.12.15
スチレン	220μg/㎥	2000.12.15
クロルピリホス	1μg/㎥ ただし小児の場合は0.1μg/㎥	2000.12.15
フタル酸ジ - n - ブチル	220μg/㎥	2000.12.15
テトラデカン	330μg/㎥	2001.7.5
フタル酸ジ - 2 - エチルヘキシル	120μg/㎥	2001.7.5
ダイアジノン	0.29μg/㎥	2001.7.5
フェノブカルブ	33μg/㎥	2002.1.22
総揮発性有機化合物量（TVOC）	暫定目標値400μg/㎥	2000.12.15

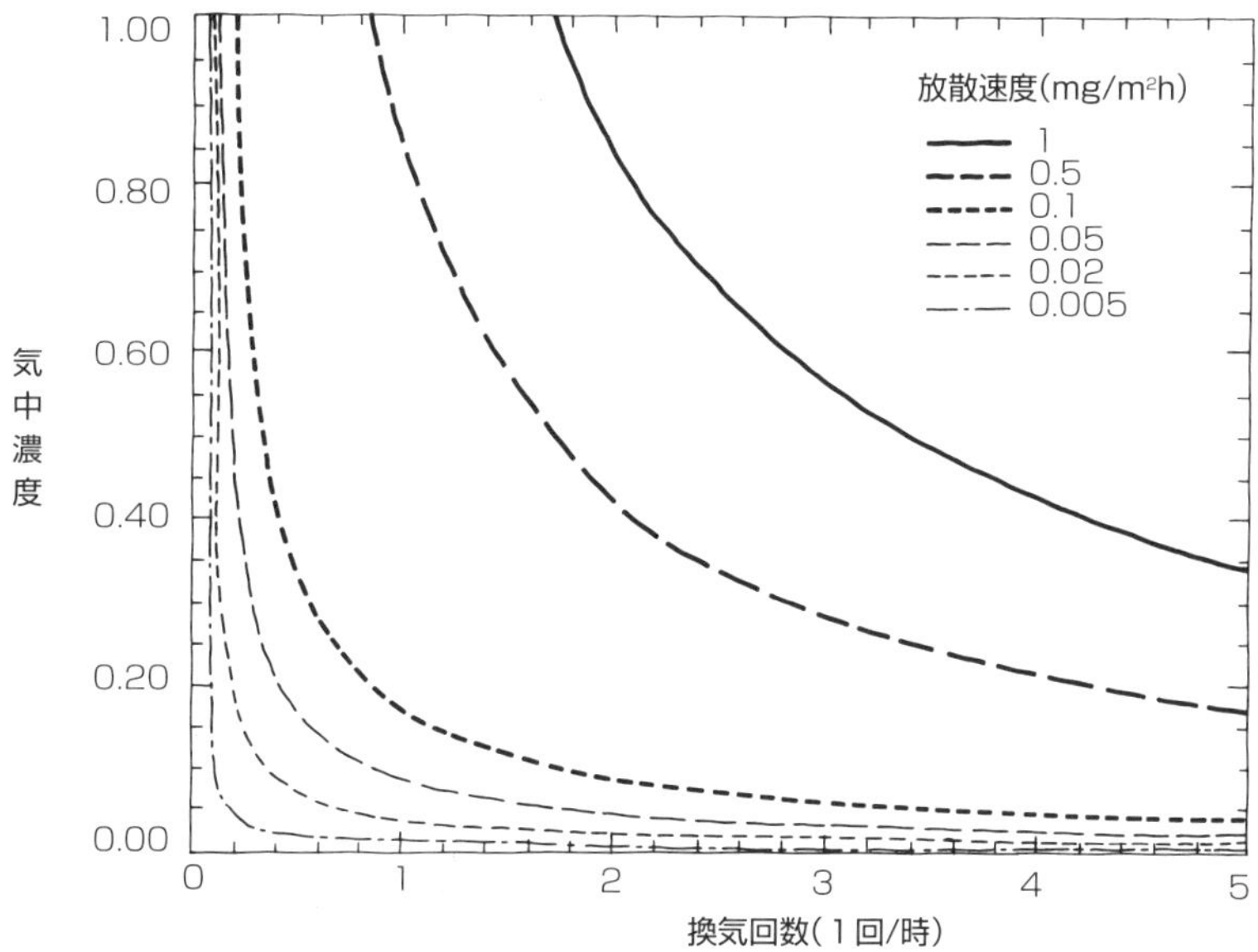

図1　換気回数と室内気中濃度の関係

ダイアジノンも追加された。フタル酸ジ - n - ブチル、フタル酸ジ - 2 - エチルヘキシルなどはフタル酸エステルと呼ばれ、プラスチックや塩化ビニル製品に用いられている。シックハウスの原因以外に環境ホルモンではないかと疑われている。クロルピリホスやダイアジノンは有機リン系の薬剤である。白蟻対策などに用いられているが、毒性が非常に高い。

室内で測定される揮発性有機化合物は簡単に一〇〇種類を超える。そのため、一部の化学物質にガイドラインや規制を行っても、すぐに代替物質が使用されるおそれがある。したがって総量を低減する必要がある。室内の揮発性有機化合物（ＶＯＣ）をＴＶＯＣという総量で表す方法がある。このＴＶＯＣ（総揮発性有機化合物）の値も、暫定的ではあるが、厚生労働省のガイドラインで400μg／㎥とされた。

2　厚生省の実態調査

厚生省（当時）が全国の一般家屋に対して居住環境中のＶＯＣの実態調査を行っている。この調査結果に関して紹介しよう。一九九七年度に一八〇戸、一九九八年度に二〇五戸が対象となった。調査結果の概要は次のとおりである。

①化学物質の室内濃度は、一九九八年度調査ではパラジクロロベンゼンで平均値123μg／㎥、トルエンで平均値98μg／㎥を示すなど、全国的に室外濃度に比べ高いレベルであった。

②調査家屋の大部分は低濃度レベルであったが、パラジクロロベンゼンでは最大値6,059μg／㎥、

トルエンでは最大値3,390μg／㎥を示すなど、一部の家屋において高濃度の検出が認められた。

③トルエンなどについては、ガイドライン値を超える事例が認められた。トルエンに関しては、一九九八年度の結果では、全体数の六％がガイドラインを超えている。また、パラジクロロベンゼンについては、厚生省が示す耐容平均気中濃度を超える事例が一九九八年度の調査では全体数の五％認められた。

④個人曝露濃度については、全般的に、室内濃度と高い相関関係を示したことから、室内曝露が個人曝露量に大きく関係していることが明らかになった。

⑤新築住宅と中古住宅を比較すると、トルエンの室内濃度平均値が、一九九八年度では中古住宅の48μg／㎥に対して、新築住宅では304μg／㎥を示すなど、一部の物質で高濃度となる傾向を示した。そのほか、建材の材質別、暖房器具の種類別などで一部の室内濃度や個人曝露濃度に差が認められた。

この実態調査に関しては新聞などで報道され、話題となった。この結果と表2を比べてみてほしい。この調査の測定は二四時間の平均値で、住まい手が窓やドアを自由に開放している状態で測定しているが、もし閉めきった状態で測定すればと思うとぞっとする。今後の課題として、室内汚染レベル、個人曝露レベル、毒性学的見地からリスク評価を行う必要があることが指摘されている。また、どこから発生しているのか、どのような状況で発生しているのか、高濃度であった場合の低減策などの研究が急務である。

3　国土交通省の実態調査

二〇〇〇年九月から国土交通省は全国で約四六〇〇戸の実態調査を行った。室内空気中の約二四時間平均濃度の測定が行われた。0.08ppmが、100μg／m³である。ホルムアルデヒドの平均濃度は0.071ppmであり、厚生労働省の濃度指針値0.08ppmを下回り、同指針を超える住宅は約二七・三%あった。トルエンの平均濃度は0.038ppmであり、厚生労働省の濃度指針値0.07ppmを下回り、同指針を超える住宅は約一二・三%あった。

ホルムアルデヒド濃度を住宅の属性別に比較すると、二〇〇〇年時点で築後四、五年の住宅がもっとも濃度が高く時間経過とともに低減していること、築後二、三年のものや築後一年以内のものは逆に濃度が低くなることが明らかとなった。これは近年シックハウス問題に配慮した建材などの選択が普及したことによるものと考えられる。

室温が高くなるほど濃度が高くなっている。共同住宅と戸建住宅では大きな差はなく、日照の多い上層階や、気密性などの高い工法において濃度の高くなる傾向が見られた。この測定データは衝撃を与えた。じつに日本の住宅の四分の一が厚生労働省のホルムアルデヒドガイドラインを超えていたことになる。この調査結果が自主的な対策ではなく、建築基準法の改正というシックハウス規制への大きな節目となった。

4 建築基準法の改正

二〇〇二年七月五日にシックハウス対策のための建築基準法の改正が国会を通過した。第二八条の二は以下のようになった。「居室内における化学物質の発散に対する衛生上の措置：居室を有する建築物は、その居室内において政令で定める化学物質の発散による衛生上の支障がないよう、建築材料及び換気設備について政令で定める技術的基準に適合するものとしなければならない」。二〇〇三年七月一日から着工の住宅や建築に適用される。少々わかりにくい法律の文書であるが、有害な化学物質の発生量を極力抑えるということと、換気を適切に行うということだ。政令で定められた技術的基準では、クロルピリホスの使用禁止、居室の二四時間換気が義務化された。また、ホルムアルデヒドを放散する建材の使用制限が決められた。

5 部屋の濃度はどのように推定されるのか

換気と化学物質放散量との関係で気中濃度は、どのようになるのであろうか？ 図１は床面積20㎡(4m×5m)、天井高さ2.5m、室容積50㎥、全内表面積85㎡の部屋を想定した場合の換気回数と気中濃度の関係を示したものである。換気回数とは、部屋の換気量を室容積で割ったもので、たとえば換気回数一回／時とは、一時間に一回部屋容積と同じ空気量で換気されることを示す。建築基準法の改正では、住宅で〇・五回／時の換気を行うことが求められている。

ここでは、簡易化のため外気の化学物質濃度をゼロと仮定しよう。室内での化学物質の放散量が二倍になれば室内濃度も二倍になる。また、同じ化学物質の発生量であれば、換気が倍になれば室内濃度は半分になる。

現在のマンションでは、すべての窓を閉じておくと、じつは一〇時間で一回以下しか空気は入れ替わらないほど気密性が高くなっているのである。

6　ホルムアルデヒド

ホルムアルデヒドは、比重 1.067（空気＝1）の、無色で鋭い刺激臭の可燃性気体である。生物標本などを保存するホルマリンは、ホルムアルデヒドの水溶液である。ホルムアルデヒドの水溶液にメタノールを加えたものがホルマリンである。形状記憶シャツなどにも用いられている。

欧米では一九八〇年代にさまざまな問題が生じたため、対策が講じられ、最近の高気密・高断熱住宅では0.08ppmを超えるような高濃度が計測されるようなことは多くない。かつて、米国では、省エネルギー対策として用いられてきた尿素ホルムアルデヒド発泡樹脂断熱材（ＵＦＦＩ）が多くの深刻な問題を引き起こした。日本では、国土交通省の実態調査でも判明したように、現在でもガイドラインを超える住宅が数多く報告されている。ホルムアルデヒドは発ガン性が心配される物質でもあり、早急な対策が必要とされている。表3にホルムアルデヒドの人体影響を示す。

それでは、ホルムアルデヒドはどこから発生しているのであろうか。ふつうの住宅であれば、表面積の大きい床フローリングや壁紙、壁紙用接着剤からの放散量が多い。しかし、それだけではなく、家具、開放式の石油ストーブによっても生じている。

現在の住宅の床材には、複層フローリングが圧倒的に多く用いられている。これは、合板の上に非常に薄い木目のある木を貼り合わせてできている。ユリア樹脂系接着剤が合板に使用されていると、ホルムアルデヒドが多く出てくる。さらに、温度が10℃上昇すると放散量が二〜三倍も増えるので、床暖房では、粗悪な床材を使用してしまっては台なしである。また、夏季には放散量も多くなる。

二〇〇三年三月二〇日から日本工業規格（ＪＩＳ）製品に☆のマークがつけられるようになった。日本農林規格（ＪＡＳ）も同様で、ホルムアルデヒド放散の少ない床フローリング材や壁紙にはＦ☆☆☆☆と四つ星がつけられるのである。床材だけではなく、塗料、接着剤、断熱材などにもＦ☆☆☆☆マークがつけられることになった。家具には、まだ表示制度がないが、においの強い家具などは、化学物質を放散している可能性が高いので極力避けたいものである。

7　建材のラベリング化

建築家や住まい手に化学物質の放散量の少ない建材を選んでもらえるように、デンマーク、

表3　短期間曝露後のホルムアルデヒドの人体への影響

影　響	ホルムアルデヒド濃度 (ppm)	
	推定中央値	報告値
におい検知閾値	0.08	0.05〜1
目への刺激閾値	0.4	0.008〜2
喉の炎症閾値	0.5	0.08〜3
鼻・目への刺激	3	2〜3
流涙（30分間なら耐えられる）	5	4〜5
強度の流涙（1時間しか耐えられない）	15	10〜21
生命の危険、浮腫、炎症、肺炎	31	31〜50
死亡	104	50〜104

図2　デンマーク／ノルウェーの建材ラベル

図3　フィンランドの建材ラベル

図4　ドイツの建材ラベル

表4　ホルムアルデヒド建材の表示

等　級	使用の可否
F☆☆☆☆	制限なく内装に使用できる
F☆☆☆	床面積の2倍まで使用可（換気によってはほかの場合もあり）
F☆☆	ほとんど使用できない

ノルウェー、フィンランド、ドイツなどでは、建材にラベルを表示するシステムを開始している。デンマークが中心となって進めている室内気候ラベリング協会は、一九九三年から建材、施工材、家具などのラベリングに取り組んでいる。標準テスト法と製品基準により構成されており、業界団体ごとに目標値が決められ、それに合致した製品にラベルを貼ることが許可される仕組みになっている。製品の販売そのものを規制するのではなく、消費者の選択行動に基礎をおいている。

具体的には、建材などからの化学物質放散速度を小型チャンバー法で測定し、そのデータを基礎として気中濃度を推定する。小型チャンバーとは、建材や塗料などを小型の容器の中に入れ、化学物質の放散速度を測定する装置である。デンマークの建築基準法で許されている最小の居室に建材を設置した場合、化学物質の気中濃度が許容値以下になるまで、どの程度の時間が必要かということで検討されている。図2は室内気候ラベリング協会の建材ラベルである。このマークは化学物質放散の少ないものに表示される。一九九五年にデンマークで認可され、一九九八年四月からはノルウェーでも採用されるようになった。

一方、フィンランドでは、建材からの放散速度に基づいて等級に分けるという単純な方法を採用している。なるべく単純な方法で建材などを等級化するように工夫をしているのである。たとえば、カーペットの場合、その化学物質の放散量に従ってM1、M2、M3と整理されている。図3はフィンランドの建材ラベル(M1)、図4はドイツのGEV（EC1）のラベルである。

日本の建材表示制度としては、日本工業規格、日本農林規格でホルムアルデヒドに関してのみではあるが等級が定められた（表４）。また、ほかの化学物質に関しても表示制度が考えられている。

住宅は呼吸する

1　換気の大切さ

安静時に一回の呼吸で吸う空気の量は0.5ℓ程度。一分当たり二〇回呼吸するとすると、一日で約15,000～20,000ℓの空気を吸うことになる。六畳部屋の容積は、約25,000ℓであり、一日の呼吸量より大きいので、換気をしなくても問題はないはずだが……。しかし、吸う空気は汚染物資の少ないきれいな空気でなければ頭が痛くなったり、気持ちが悪くなったりする。じつは、一日に吸う空気の重さを足し合わせると三度の食事の重さより多いのだ。

まわりの空気、室内の空気を新鮮に保つのが換気である。これまでの日本の住宅はスカスカの場合が多かった。換気に気をつけなくても自然に外の空気が出入りしていた。しかし、住宅の気密化により自然に入れ替わる空気の量が非常に少なくなってきた。最近のマンションでは、窓を閉めきって、換気装置をオフにしておくと、一時間当たりの換気量が〇・一回／時以下の例も珍しくはない。すなわち、一〇時間でやっと住宅の空気が一回入れ替わる程度である。居住者が換気に注意しないと、健康にさえ問題が生じるような事態が発生してしまう。

住宅がどの程度気密であるのかを示すのに相当隙間面積という単位がある。冬季に寒い北海道の住宅は気密化が進んでおり、隙間が1～3㎠／㎡しかない。住宅の床面積当たりどの程度の隙間、すなわち穴があいているかという単位である。もし、気密性が5㎠／㎡で床面積が150㎡とすると、住宅に750㎠の穴があいている換算になる。750㎠の穴というと、約27cm×27cmの大きさだ。家全体の隙間を寄せ集めてもこれだけの大きさである。一九九九年に告示された住宅の次世代省エネルギー基準では、関東地区では5㎠／㎡以下の性能を有するものを「気密住宅」と呼んでいる。

住宅に外部から入ったり出たりする空気は、大きく換気と漏気の二種類に分けられる。換気とは、住まい手が望んで室内の空気を入れ替える場合に用いられる用語である。それに対して、漏気とは、本来望まないのに室内から空気が出入りする際に用いられる。また、換気には機械換気と自然換気がある。

それでは、生活に必要なきれいな空気を取り入れるために、昔ながらのスカスカの住宅を建設すればよいのだろうか。スカスカの住宅は換気がよいというより、漏気が多いと解釈したほうがよい。気密性を高めることで暖房効率は格段によくなるし、快適性も向上する。昔の隙間風の寒さに戻らないためにも、気密性は必要なのである。

住宅の気密化が進んできた現在、冬でも最低二時間に一度は部屋の空気が入れ替わる換気、すなわち換気回数〇・五回／時が必要である。今回の建築基準法改正で、二四時間換気が義務化された。夏季の状態を想定すると、現在の住宅では機械換気がなければばならない。しかし、せっかくの換気システムがあってもうまく利用できなければ意味がない。住まい手は、その正しい使い方を住宅メーカーや工務店によく聞き、それをうまく利用するように心がけたい。

2　正直な住宅

そもそも正直な建築、正直な住宅という言葉は、私がデンマーク滞在中にデンマーク工科大学の友人から聞いた言葉である。それ以来大変気に入って使用している。一緒に彼の車で移動しているとき、彼の娘夫婦が住んでいるアパートの前を通りかかった。このアパートは一九四〇年代、第二次世界大戦中に建設されたものであるという。戦時中で物資がないのでもちろん華美なつくりではないが、木材、ブロック、鉄などの正直な素材で構成されている。しかし、快適で健康な室内環境に関して先駆的な取り組みを行っているデンマークでさえ、特定の機能は高いが素性のわからない新材料でつくられた住宅が最近では多い。また、見えない部分に使用されている成分が不明の材料もある。彼は、一九四〇年代の集合住宅を指し示して、「オネスト・コンストラクション」と言った。この言葉が頭のなかに残っている。

これからの住宅は素材の時代ではないかと思っている。材料の質感、色、耐久性などに加えて、健康性と地球環境負荷影響が評価尺度となる。医学の分野でも化学物質の人体影響に関する研究は続けられているが、アレルギー、アトピー、化学物質過敏症などに関してはまだわからないことが多い。そういう症状があるということがわかったという程度である。その危険性が確認されるまで、黙って使いつづけるのは決して得策とはいえない。

現在、われわれの生活で用いられている化学物質は、もちろんホルムアルデヒドのみではなく、住宅用途に限ってみても数千の種類がある。日本では、ホルムアルデヒドに関して大騒ぎをしているが、欧米では尿素系断熱材とモービルホームのホルムアルデヒドが問題となり、一九八〇年代はじめまでに、ホルムアルデヒド対策はほぼ終了している。日本のような夏高温多湿地域では、防蟻処理などに使用される有機リン系の家庭内農薬などはほんとうに怖い。新しい建築基準法では「クロルピリホス」が禁止された。食品と同じように、材料に何を使用しているのか正直な考え方が必要とされている。

3 情報開示と選択の自由

ホルムアルデヒド、VOCなどの化学物質は建材のみではなく、家具や生活用品にも含まれており、米国の研究によると、新築の時期を過ぎると半分程度が生活起因ではないかといわれている。正直な材料を選択できるようにするためには、材料に関する正直な情報が必要となる。カナダなどでは建築家に対し、材料のデータを提供している機関がある。そのリストを見て設計者が適切な選択をすればよいのである。日本でも放散量データが整備されてきた。多少のコスト上昇が問題となるかもしれないが、設計者は事前に内容を施主に説明する情報開示を行うべきだ。

じつは、工業化住宅にも工法が異なると濃度が異なる例がある。近年、消費者センターに寄せられる住宅の苦情の多くは室内空気に関するものとなっている。また、日本では良質の住宅が必ずしも良質とは評価されていない。土地がすべての基本で、建物は付属物である。銀行は古い住宅の残存価値を認めていない。場合によっては取り壊しのため、建物価値はマイナスになったりする。適切な住宅診断が行われ、よい住宅がよいと評価されることが必要ではないかと考えている。

4 建物の外皮

日本でも民生用のエネルギー消費量の増大を抑制するために、住宅の高気密・高断熱化が進められている。しかし、前述したように化学物質過敏症や閉鎖住宅を毛嫌いする人は多く、高気密住宅に対する風あたりは強い。高気密・高断熱住宅は本来、北欧や北米の寒冷気候で発展してきた。ヨーロッパ型気候の北海道では大きな普及を見せている。しかし、高気密化をする条件として換気が十分考えられていなかった。新築住居やビルに引っ越して、喉が渇くなどの乾燥を訴える場合には、化学物質を疑ったほうがよい。

一方、高気密・高断熱住宅の利点も大きい。暖房を効率的に行い、さらに上下温度分布の違いや冷たい床温度を生じさせないようにするのが住宅の断熱である。断熱をしなければいくら高価な暖房装置を設置しても、快適性も省エネも実現できない。住宅の性能と暖房装置がそろって、はじめて快適性が得られるのだ。

住宅に関する新聞広告でも最近Q値という言葉を耳にする。このQ値（熱損失係数）こそが、住宅からの熱の逃げにくさを表す尺度である。Q値が小さいほど熱が逃げにくい。ちなみに基準に適合して北海道に建てられた三五坪の高断熱住宅で必要とされる暖房能力は、二〇〇〇ccクラスの車の暖房能力とほぼ同様である。その広さを考えると、いかに断熱の効果があるかがわかるであろう。

しかし、冷房エネルギー削減には効果が少ない。夏は、すだれや庇などの日射遮蔽が有効である。窓の外に設置するのが非常に有効である。窓の内側に設置されると、あたった日射熱は室内に入ってくることになる。エアコンで暑さを強引に押さえ込む前に、建物のデザインを工夫すれば快適でエネルギーの無駄遣いをしない住宅が建設できるのである。

5　呼吸する家

その先にあるのが「呼吸する家」や「呼吸する建築」という概念である。ヨーロッパでは最近好んで用いられる用語である。私は、よい例は衣服だと思っている。東南アジアの蒸暑地域の民族服を、サーマルマネキンという人間のように発熱する測定器で調べたところ、風がない状態での涼しさはワイシャツ着用時と変わらないのに、風があるとワイシャツ着用時より抜群に涼しいのである。通気性のよい布地や襟・袖を空気が通って湿気を逃がしてくれるのである。また、人間の研究を行っていて気づいた面白いことに、皮膚がある。乾燥したときに皮膚は乾く。もし乾かなければ人間の大部分は水なので、水分はどんどん逃げていってしまう。果物も同じである。これは、皮膚や皮を乾燥させ湿気を通りにくくして内部の水分を乾燥から防ぐ賢い方法である。食べ物にラップをかけるのと同じだ。これが自然に行われているのである。住宅にもそのような呼吸する構造がほしい。あるときは、高気密・高断熱住宅であっても必要なときには窓が開放できるとよいのである。有害物質を吸う炭なども呼吸の一部に入る。縁側や庇などの建築的な工夫は空間的な呼吸域であろう。庭に植えた落葉樹もそうであろう。「呼吸する」という考え方が大切なのである。

環境分野でも工学的な研究の壁がある。人間に、コントロールされた部屋、いわゆる人工気候室の中に入ってもらい、単数あるいは複数の環境因子を変動させて実験を行っていた。すなわち、在室している人には室温を上下させる権利を与えない実験である。その結果が、実際の居住環境での人間の感覚と異なるのである。実験では人間は受動的なもので自ら行動をしない静的なものと考えていた。しかし人間は、暑ければ服を脱ぐし、冷房がなければないとして行動する。選択の自由度が居住者の満足度を上昇させる。たしかに、つまらない映画を大型スクリーンで見るよりも、一四型でもリモコンで自由に番組を選択できるテレビのほうがよい。テレビのリモコンは手元にないと落ち着かないものだ。暑かったり、においがする部屋に入ったとき、窓が開けられないといらいらする。工学だけでない広い分野の考えが建築には重要なのである。

伝統的民家の温熱環境の実測をこれまで行ってきたが、そこで用いられている手法を現代に適用するためには考慮すべき二点がある。それは周辺環境の悪化と家電製品が圧倒的に多くなっていることである。夏季の通風環境を考えてみると、都市のヒートアイランド化で外気温が高くなり、室内では家電製品の発熱がある。通風で涼がとれるのは周囲の空気温度がせいぜい30℃くらいまでである。微妙なバランスで自然エネルギーを利用している伝統的仕組みをそのまま現代住居に適用できなくなっている。選択をしたくても許されない環境になってきているのである。

6　エネルギー消費量とライフスタイル

日本のエネルギー構造を簡単に述べると、産業用が約二分の一、運輸用が約四分の一、民生用が四分の一となる。民生用の約二分の一が住宅用である。すわなち、日本のエネルギー使用量の約八分の一が住宅で使用されているということになる。産業用は、重厚長大産業の海外への移転に伴い減少している。これに対して住宅用のエネルギー消費量は、バブル崩壊後もかなりの勢いで増加している。じつは、二〇一〇年までに六分の一程度まで上昇するのではないかと心配されている。京都で開催された地球温暖化会議（ＣＯＰ３）でも問題になった。エネルギーを消費すると、結果として二酸化炭素排出を促進する。住宅で使用されるエネルギーは、オフィスビルや産業のように規制しにくい。それは、住宅での生活は労働の対価という意味合いがあり、賢明に労働して得た報酬まで規制できるかという難しさがあるからだ。また、発展が著しいアジア諸国のエネルギー消費量は、ＧＤＰの増大に伴って急増している。

世帯でのエネルギー消費量を調査すると面白い。光熱費は、世帯年収と大変よい相関があるのだ。関東地方のほぼ同一規模、同一年に竣工した一一四軒の戸建住宅の年間エネルギー消費量を調査した通産省（当時）プロジェクトのデータでは、最大と最小の世帯になんと六倍の相違があった。同じようなハードを提供しても、住む人によってエネルギー消費には大きな違いがある。建築から地球へのある意味での毒（二酸化炭素）の排出は、住宅性能を超えた居住者のライフスタイルの問題が大きく関係している。快適性などの利便性は、一度経験すると麻薬となる。オフィスが冷房されるようになると、電車や住宅などあらゆるところが冷房されないと我慢できなくなってしまう。

7　環境デザインの手法

私は、いわゆる建築環境学者であるが、この分野をほかの構造や設計原論と比較すると、計画・設計へのフィードバックがまだまだこれからの領域である。すぐれた手法があるので実際の建物で使用したいとしても、研究で行われている汎用的な分析手法と、実際の建物で具体的にスピードを必要とされる方向づけとではまだまだギャップが大きいのである。建物の冷房や暖房に必要とされる熱量計算であれば、気象データが手に入れば割合簡単にできるが、自然換気を伴った建物の微妙な仕組みなどは、実際の建物が竣工してから測定してみないとわからないことも多い。

現在、よいと言われる建物を計測し、有効な環境デザイン手法を蓄積していくことが必要である。研究は分析的であるが、計画は総合的作業である。ワインを分析してその成分がわかっても、おいしいワインをつくる決定的な方法にはならない。

医学の臨床分野では、一万人に一例の病気を報告することが成果となり、次の一万人中の一人が助かる。私は、環境デザイン手法はこの中間であると思っている。気候や風土、その土地の材料、居住者に左右され、デザイン手法が汎用的にすべての場所では通用しないことが多い。反面、対処の方法が類型化されなければ学問の意味はない。クリストファー・アレグザンダーという建築家のパターン・ランゲージという考え方が環境デザインの側面をもつのもそのためではなかろうか。また住宅建築家は、よい意味でホームドクターのような存在になるべきではないかと思っている。細かな個別対応ができるからこそ、居住者に正直な設計ができるのではないかと期待している。

住宅に人のいる風景

住宅建築家の果たす役割はじつに大きくなっている。日本の建築は、オフィスなどの建物の質が向上してようやく住宅の時代に突入したように思われる。一方で、高齢化社会が急速に歩み寄っている。住宅は、毒ではいけない。人間は不老長寿の薬を求める。デザイン的にすぐれた「正直な住宅」が登場してほしいものだ。住宅のハードのみではなく、人が楽しく入っている風景の住宅写真が見たいと思っている。

たなべ・しんいち／早稲田大学教授・建築環境学者

謎のお雇い建築家

●——建築を探る

藤森照信

歴史家とは、忘れられていた事実を掘り起こしたり、隠されている背後事情を暴いたり、その原因をあれこれ考えたりと、ひと言で言うなら《探る》のが仕事の探偵みたいなものにちがいない。

探るというからには、すでに知られていることを探っても意味がなく、また誰も知りたくもないようなことを探るのはなおさら無意味で、知りたくとも知られていないことを探らないといけないわけだが、このことは、私のように日本の近代建築を専門にする者にはけっこうきつい。なぜなら、幕末、明治初期の日本と西洋との出会いをもって幕開けとし、第二次世界大戦をもってひと区切りとする日本の近代建築の歴史は、歴史といってもたかだか一〇〇年に満たず、時間は短いし日は浅いから、忘れられたことどもが山をなすというわけにはいかない。近代以前の日本の建築が数千年の謎を貯め込んでいるのに比べれば、近代などわかりすぎているといわれても仕方ない。

たしかに、それまでの時代に比べると探偵しがいが乏しいともいえるのだが、しかし少し観点を変えれば事態は一変する。ともかく、日本というユーラシア大陸の絶海の孤島のなかで営々育まれてきた建築の歴史が、まるで違う育ち方をした西洋と正面からぶつかったのである。こうした正面衝突というか対面の先例を探せば、飛鳥時代に大陸から仏教建築が入ってきたときの一例だけだろう。そのときの相手方は中国で、今度のはヨーロッパ、正確にはヨーロッパとアメリカ、さらに正確に意味を図れば世界であり地球が相手。一五〇〇年前の前回に比べ、今回は相手にとって不足はないどころか、相手が強力すぎる。むしろ、完膚なきまで負けても当然。

そのようにしてわが日本の近代建築史はスタートするわけだが、さて、その一〇〇年にやや欠ける歴史のなかに生じた知りたくても知られていないさまざまな謎のうち、テーマを人物に絞って、誰がいったい最大の謎の建築家であったのか。

それは、

〈ウォートルス〉

にほかならない。Thomas James Watersと書くから、トーマス・ジェームス・ウォータースと読むのが正しいが、なぜか建築界では幕末のころからウォートルスとかワクトルスとかトルス呼びする。オランダ語ふうの読みという。

ウォートルスが、そこそこの人物、建築家であったなら放っておいてもよかったが、幕末、明治初期に、薩摩藩紡績所（明治四年）、大坂造幣寮（明治四年）、竹橋陣営（明治四年）、銀座煉瓦街（明治六〜一〇年）といった大建築、大都市計画を成し遂げ、日本の近代建築史の幕を開けた超大物なのである。日本の近代建築の父として鹿鳴館をつくったイギリス人建築家コンドル先生がよく取り上げられるが、ウォートルスはそのコンドルの父というか、日本の近代建築の祖父というか、とにかく日本の近代建築の流れは、ウォートルス↓コンドル↓辰野金吾というように流れはじめたのである。

では、私が三〇年前に日本の近代建築の研究をはじめたとき、ウォートルスについてはどの程度解明されていたのか。菊地重郎、村松貞次郎、林野全孝などの私にとっては先生にあたる世代の研究によって、日本で手がけた仕事のリストはほぼ明らかになっていたし、仕事の内容も大筋のところ知られていた。がしかし、彼の生涯ということになると、皆目、見当もつかない。イギリス人というが、いつどこで生まれたのか。幕末に日本へ来る前は何をしていたのか。明治六年の銀座煉瓦街計画の完成のころ、日本を去り上海に向かったらしいが、その後いったいどうなったのか。要するに、日本へ来る前と、去ったあとのことがまるでわからない。顔写真を一枚も残さず、流れ星のように、日本列島をかすめていずこかへ消えた。

そうした謎の人物の海外での足跡がこの三〇年間にどのようにして探られ、生涯が明らかにされてきたかをこれから述べるわけだが、まずは私とウォートルスとの出会いからはじめたい。

大学院に入り、日本の近代建築史をテーマに選んですぐウォートルスには着目した。指導教官の村松貞次郎先生が手をつけており、その影響があったのかもしれない。しかし、本気で取り組もうとしたわけではなく、謎の人物というところに探偵心を軽くそそられた程度だった。ところが、昭和四九年、大学院三年めの博士過程一年生のとき、出会ってしまったのだ。

その年の学会は九州であり、二年下の修士一年の堀勇良と、学会の終わったあと、旧薩摩藩関係のウォートルスの事跡を訪ねることにした。まず、鹿児島で旧紡績所付設の異人館を見て、その後、飛行機で奄美大島に飛んだ。ウォートルスは、鹿児島で紡績所の仕事をしただけではなく、奄美大島でも洋式砂糖工場を手がけたことは明らかにされていて、紡績所についてはあれこれ調査もされていたが、しかし奄美についてはじつは誰も現地調査を行っていなかった。刑事のモットーは〝現場百遍〟だそうだが、当時の日本の近代建築史研究は必ずしもそうではなかった。

藤森と堀の大学院生コンビは、たいした期待もなく、工場跡が残っているらしいという話だけを頼りに、夕刻、奄美に飛び、市内の旅館に泊まった。翌日、朝一番で奄美図書館に出かけ、郷土史家を紹介してもらって、その人の家を訪ねた。

白糖工場(洋式製糖工場)の建物のことで訪ねてきたのは私たち二人がはじめてのせいか、ていねいに教えてくれる。まず、島内には五カ所、関連遺跡がある。ひとつは、ウォートルスの住宅のあった蘭館山。そして工場跡が四カ所。蘭館山はすぐ近い。工場跡は、四カ所のうち、ひとつはとても不便なところで陸からは近づけず、舟をやとわないと行けないが、ほかは車で行ける。

工場の建物について記録された文書が一つ残されているが、建設当時に書かれたわけではなく、建設後、数年して台風で工場が壊れ、営業が中止されて、その後、記録がつくられたのだということ。

原本は遠くの地区の人がもっているが、郷土関係の雑誌に出ているからと、それを見せてくれた。

記録を読んで驚いた。幕末に奄美大島という孤島につくられたわけだから、木造のごく簡便な工場建築とばかり思っていたのに、構造については石造と煉瓦造と書かれている。規模も大きい。赤煉瓦でつくられた煙突の大きさからしても、ちゃんとした工場にちがいない。なんとなく、牛がグルグル歩いて砂糖キビを絞り、絞り汁を鍋で煮詰める程度のことかと想像していたが、相当に近代的な工場で、スチームエンジンを動力として絞り、本格的な釜で煮詰め、さらに白糖へと精糖していた。それ以前は黒砂糖しかできなかったが、この工場によってはじめて白糖が大量生産されるようになった。

南の島の牧歌的な砂糖工場のイメージはまちがいで、イギリスの産業革命にはじまるスチームエンジンを原動力とする近代的な工場だったのである。

ひと通り話のすんだあと、郷土史家に案内されて蘭館山に向かったのだが、家から出かけるとき、史家が自分の家の縁側の床下を指さす。縁側を支える束の礎石として奇妙な白いものが使われている。工場跡からもってきた耐火煉瓦だという。たしかにそうで、それもきわめてしっかりとした製品。記録が語る近代工場のイメージはこれによってもまちがいない。さいさきよし。

蘭館山に向かう。人家がとぎれるあたりに小川が流れ、小さなコンクリートの橋があって「蘭館橋」と書かれている。橋を渡り、坂道を上ると、眼下に奄美の町と海が臨まれる。丘の上に出るとちょっとした平地があって、そこにウォートルスのための住宅が建てられていたというのだが、礎石など遺跡らしいものは何もないただの草むらにかえっている。

「どうして蘭館っていうんですか」

「オランダ人だったからですよ」

「えっ、ウォートルスはイギリス人です」

「………」

と言ったやりとりのあと、海を眺めながら、地元に伝わるウォートルス譚を聞く。

ウォートルスは一人の日本人と一人の中国人を連れて島に上陸したという。日本人は通訳で、郷土史家は知らなかったが、薩摩藩の記録によると藩の英学者の上野景範。彼は維新後、初代横浜税関長も務め、明治史に名を残す。中国人はコック。

一行が上陸して、最初にやったのは、工場適地を探したり、蘭館山に家を建てたりの不動産関連にちがいないが、その次あるいはその前にやったのは、ウォートルスの現地妻の採用だった。公募がなされ、当時の島は極貧にあえいでいたから、いろんな事情に押されて多くの島娘が応募し、ウォートルス青年は、気立ても容姿もすぐれた〝マシュ〟さんを選ぶ。

マシュさんは、もちろんたくさんのお金をもらったわけだが、よく尽くし、ウォートルスが仕事を終えて島から去るときには、蘭館の丘に上り、沖行く舟が消えるまで泣きながら袖を振り、別れを惜しんだ。このときの〝マシュ〟の悲しい姿を謡った歌は、盆踊りに取り込まれ、近年まで歌われていたという。ウォートルスの記憶は、鹿児島でも大阪でも東京でも忘れられてしまったが、南海の孤島では長く生きつづけていたのである。

私たちが来島したせいで、オランダ人ウォートルスはイギリス人に化けてしまったけれども、蘭館山を英館山に変えるわけにはいくまい。蘭館山を下り、昼をすませてから、私たちだけで南東の浜辺の工場跡へと行くことにした。昔は、海路を使うか、細い山道をえんえん歩くかどちらかだったというから、ウォートルスは、日和のいい日には海路を、悪いときには駕籠で行ったと推測されるとのこと。島には乗馬用の馬は一匹もいなかったという。

いまは、車道が引かれているが、バスは一日二便。タクシーしかないがタクシー代わりにたくさん島を走っている軽自動車を止めて、出発。けっこう急な峠を越え、山のなかを走っていると、路面に死んだ蛇が白い腹を見せてころがっている。ハブだという。このあたりまで入ると、道路に出てきて、車にひかれるのだそうだ。

かつてウォートルスは、鹿児島から舟に乗って、それも櫓でこぐ和船に乗って、奄美に上陸し、そこから山駕籠に揺られて険しい峠道を越えたのだ。イギリスを発って、インド洋を渡り、東南アジアをまわって中国へ、そして長崎、鹿児島を経て、ハブの出没する奄美の寒村へ。路上にころがるハブの尻尾の向こうに、はるばるやってきたウォートルスの旅路がずうっと延びているように感じられ、ひとつのコンセプトが頭に浮かんだ。

〝ボウケンギジュツシャ〟

動乱期の中国や日本に武器を売り込んだような欧米貿易商のことを、悪く言うときは「死の商人」というが、よく言うときは「冒険商人」と呼ぶ。マーチャント・アドヴェンチャラーの訳で、明治維新のときの代表格がかの長崎のグラバーにほかならない。ウォートルスはグラバー商会のもとで、あるいは組んで働いた時期があることがわかっており、そうした予備知識があったから、冒険技術者という新コンセプトが頭に浮かんだにちがいない。

揺れる車の中で、この言葉とコンセプトを堀君に語ると、同意してくれる。ウォートルスという建築家・建築技術者の性格を的確に語ることとなる「冒険技術者」の五文字は、こうして生まれたのだった。

峠を下り、浜辺に近い村に着いた。人家は一〇軒か二〇軒か。しかし、人影がない。工場のあった場所を聞こうと家の戸口であいさつしてみるが、反応がない。仕方なく、次々と訪ねると、昼日中なのに雨戸を閉めた一軒の家の中から女の人たちの声がする。男や若い者は奄美の町に出勤し、残った一定の年以上の女性たちが集まって島の名産のつむぎをカタコト織っていたのだった。

そのなかの一人が、自分のうちの畑のなかに工場の跡があると、現地に案内してくれた。野菜畑のなかに、四畳半ほどの土の色が黒く変わったところがあって、ここが絞り汁のアクを捨てたところで、その周辺に工場は立っていたというが、いまは石組みひとつない。いまはない理由は、あとで村のなかを歩いてわかったが、家の踏み石に白い耐火煉瓦が敷かれ、カマドには赤煉瓦、切石は塀へと転用されていた。

石材は島の石ではなくて、鹿児島産のもの。耐火煉瓦は、英語の銘が入っており、イギリスか香港、上海あたりのものだろう。興味深いのは赤煉瓦で、古いタイプに固有の平面に彫り込みがある形式。しかし、かたちも大小ばらばらなら、焼きも甘い。ひどい品質というしかないが、おそらく島で、瓦焼きの窯を使って焼いたものと推察される。なぜなら、当時の長崎でも鹿児島でももっとましな煉瓦が使われていたからだ。

二八年前のこの奄美行きで、私は、ウォートルスという人物と出会ったのだった。しかし、それ以後は、一瀉《いっしゃ》千里、虎に翼の勢いで、というわけにはいかない。どこから来たか、どこへ消えたかの謎を解く鍵は、当時、上海で刊行されていたディレクトリー（住所録のようなもの）に、ウォートルスの名が出てくるという一点しかない。しかし、当時、日本と中国とのあいだに国交はなく、調べようがない。

そうこうするうち、チャンスが来た。堀君が大学院を終えたのち、勤めた先の横浜開港資料館が、横浜と上海の友好都市の関係を利用して、上海に研究調査団（団長は神戸の異人館博士の坂本勝比古先生）を派遣することになり、堀と藤森のコンビはその一員に選ばれた。というより、正直に申せば、上海行きのチャンスをねらっていた堀氏が、そういう企画を立てて実現したのだった。

上海に入り、数日をすごすのだが、こっちが求めた図書館や資料館での調査は認められない。

当時、日中の国交は回復したものの、中国側の招待がなければ入国できなかったし、おまけに文化大革命の終わった直後で、向こうの迎え入れ態勢も整っていなかった。仕方なく、昼休みに、旧上海競馬場を転用した図書館に押しかけ、いぶかる館員にパスポートを掲げて説得し、強引に旧居留地時代の洋書のカードを見せてもらう。引くのは、著者名目録と書名目録のWの項。手持ち時間はわずか十数分。二人で目を皿にしてアルファベットを追うが、見つからなかった。次の日の昼休みには、ディレクトリーにあったウォートルスの土木・建築事務所の住所の跡を見に行った。長崎のように一〇〇年前の洋館が残ってるんじゃないかと踏んだのだがはずれた。その後の建て替えが激しく、あたりには五、六階建ての二〇世紀に入ってからのビルばかり。

最初の上海行きは、ことの困難さを教えられるばかりだった。

その後、堀君は開港資料館で、しつこくていねいに上海関係資料を追いつづけ、上海で出されていた外国人新聞のなかでついに尻尾をつかむ。日本を去ったあと、上海で冒険技術者、山師的技術者にふさわしく窮死でもしたんだろうとの予想に反し、けっこう活躍していたらしく、しばしば登場する。たとえば、上海に街灯を設置する計画を担当し、完成させたとか。

こうした堀勇良の地味でねばり強い調査によって明らかにされた一連のウォートルス記事の最後のほうには、ニュージーランドとアメリカの話が登場する。ウォートルスは、建築史上に名を残すトーマス・ジェームスのほかに、日本で仕事をした弟が二人いた。下の弟のジョン・

アルバートは兄の下で建築技師として働き、一番下の弟のジョセフ・ヘンリー・アーネストは鉱山技師として明治の鉱山開発史に、建築史上の長兄ほどではないが、そこそこの名を残す。

なお、鉱山のジョセフが、建築のトーマスとアルバートの二人と兄弟であることがわかったのは、堀君の上海外国人新聞の調査による。このことがわかってから、私たちは〝ウォートルス・ブラザーズ〟という言葉を使うようになる。

さて、ウォートルス・ブラザーズの上海での新聞記事の最後についてだが、ニュージーランドやアメリカのコロラド銀山とのあいだで行ったり来たりしていることが報じられて、兄弟の名前はぷっつり消える。

ここまでわかった時点で、一九九三年に私が書き上げた『日本の近代建築』(岩波書店)のなかでは、

「一八八六年を境に上海での消息は絶えるが、末弟のジョセフがアメリカのコロラドで銀山開発に取りかかっており、おそらくそこに合流して、没したものと思われる。冒険技術者の名を裏切らず、地球を四分の三周して山師の群れの中で生涯を終えたのである」

となっているが、二年後に改訂した版では、

「上海での消息は絶え、アメリカに現れる。末弟のジョセフがアメリカのコロラドでシルバーラッシュに投じており、そこに合流したのだった。三人はウォートルス兄弟社を結成し、銀山開発で一財産を築き、デンバーに没した」

改訂のポイントは、「山師の群れの中で生涯を終えた」から「銀山開発で一財産を築き、デンバーに没した」へ。山師らしく窮死してほしいという、ウォートルス・ファンのひそかな期待を裏切り、なんとひと山あてて幸せなうちに生涯を終えてしまったのだ。

この重要な改訂をもたらしたのは、銀座史研究家の三枝進さんの研究成果だった。三枝さんは、本業は銀座の老舗洋品店のオーナー経営者なのだが、銀座の歴史に関心をもち、その縁でお付き合いするようになり、一緒に協力して、煉瓦街の跡の緊急発掘などを行ってきた。ウォートルスについては、私の知り合いグループと三枝さんの二組だけが深追いをしつづけているといっていいのだが、三枝さんが突破してくれたのは、イギリスとアメリカの事情についてだった。

イギリスとアメリカには、先祖の事歴を調べるために発達したプロの歴史探偵とでもいうべきジェネオロジストという職業がある。三枝さんは、この人たちの助けを借りて文献を集め、調べて、まずウォートルスの生い立ちを探った。そして、アイルランドの現・バーという町の有力者の子として生まれたことをはじめ、親や兄弟の名と生年が明らかになった。当時、アイルランドは貧しく、またイングランドから差別されており、意欲のある若者が世界に活躍の場を求める例は少なくなかったが、ウォートルス兄弟もその一例と思われる。

三枝さんは続いて、堀勇良調査で明らかになったコロラド関係の調査に手を伸ばし、ここでもジェネオロジストを使って、兄弟のやっていた会社のことや墓地のありかを調べ上げる。ウォートルスの出生と、上海を去って以後のアメリカでの事情は、三枝さんによって大筋明らかにされたのだった。

コロラドの件は、私たちも目をつけていただけに、先を越されてちょっとくやしかったが、それだけ三枝さんの銀座の歴史にかける気持ちが強かったわけだから、当然の成果であった。しかし、三枝さんは、ウォートルスの会社のおかれていたデンバーを訪れ、墓参りはしたものの、コロラドの鉱山のほうには行っていないし、デンバーでも格別、建物のことは調べていないという。

で、二〇〇一年の秋、ニューヨークでシンポジウムのあった帰りに、私の研究室でスパニッシュ建築について調べている建築史家の丸山雅子さんを連れて、というより彼女に下調べをしてもらい、デンバー、そして鉱山町のテリュライドへと現地調査に行ってきた。そのときのことを最後に書いておこう。

ロサンゼルスからロッキー山脈を、大きくひとまたぎしてデンバーに着く。乾ききった砂漠のなかの町だが、町のあるところだけは緑が多い。ニューイングランドからはじまった西部開拓史はデンバーに行き着いて終わったといわれるが、その意味が納得できる。この先さらに行っても、ロッキー山脈しかないのだ。ロッキーの向こうには太平洋があるが、海沿いの土地はモンスーン地帯の日本とは違い、雨は少なく、農業には向かない。

カリフォルニア州のゴールドラッシュに引きつづき、ロッキーの山岳地帯のなかにあるコロラド州で、その昔、シルバーラッシュがおきたのは知っていた。しかし、コロラド川は太平洋に流れているから、コロラドのシルバーラッシュというのは、太平洋側からアプローチするもんだとばっかり思い込んでいたが、ラッシュの本拠となる都市は反対側のコロラド州都のデンバーで、山師の群れは、デンバーから出てロッキーの背筋を越え、向こう側の脇腹深く刻まれた山のなかで銀を掘ったのだった。

そうして開発された銀山町のひとつがテリュライドの町で、そこにウォートルス・ブラザーズの鉱山がある。今回のウォートルス探偵行は、デンバーとテリュライド。

まずデンバーから。具体的な目的は五つ予定していた。①お墓参り。②ウォートルス兄弟社の入っていたシェリダンビルの見学。③一番古い通りに残る、その名もウォーターースビルとウォートルスとの関係の調査。④図書館と公文書館での資料調査。⑤コロラド建築史の権威ノエル先生との面会。順に成果を見てみよう。

①墓参りはすでに三枝さんがしていて、写真を見せてもらっていたから、頭には入っていたが、やはり実物には強い感銘を禁じ得なかった。墓石は三つあって、トーマスとジョゼフともう一人ウォートルス姓の女性（どちらかの娘または妻）が埋葬されているが、アルバートの分はない。トーマスが、先に死んだジョゼフのために建てた大きな石の墓標は、ケルトふうの十字架の姿をしており、アイルランド人の誇りが込められている。

②シェリダンビルは駅前の一等地に立つ大建築で、いまは文化財として保存されている。ウ

100年前の面影を残すテリュライドの町並み

ややヴィクトリアンがかったテリュライド駅

ウォートルス兄弟の墓に手を合わせる著者

ォートルス・ブラザーズがデンバーの有力者だったことが偲ばれる。

③ウォータースビルの建設は、ウォートルス・ブラザーズの活躍時期と合うが、それ以上の証拠はない。いまはレストラン。この一帯はアーケードがあり、ウォートルスが計画した銀座煉瓦街と共通するのが気になるが……。

④図書館も公文書館も、三枝さん依頼のジェネオロジストが調べているが、図書館の鉱山関係の古い本のなかにジョセフとアルバートの顔写真を発見。これで三兄弟の写真がそろう。また、ウォートルス・ブラザーズがデンバーに来る前に手がけた鉱山開発として「日本の小坂、高島、中国の上海、ニュージーランドのウエストポートの四カ所がある」との記載を発見。小坂（群馬県の中小坂鉱山）の件は知っていた。高島（高島炭鉱）は推測されていたが、これで証拠が出た。上海はまったくの初耳。ニュージーランドの鉱山の場所がわかったのもはじめて。

⑤ノエル先生の家を訪ねると、なんと奥さんは広島出身の日系人。ウォートルスに注目して調べたことはないとのこと。地下の書庫の膨大なコロラド関係資料のなかから、トーマスの住所を調べ出してくれる。あとで住所を訪ねると、その家はまだ立っていた。一九世紀末のヴィクトリアンふうの木造住宅で、デザインからしてウォートルス設計とは思えない。なお、コロラド（デンバー）では、ウォートルス・ブラザーズは鉱山技師、鉱山経営者としてのみ記録を残す。日本では、少なくともトーマスとアルバートは建築家、建築技師としてのみ名を残すのだが……。

初回のデンバー調査としては、収穫は十分あった。続いて、テリュライド。テリュライドは三枝さんも行っていないから、藤森、丸山が最初ということになる。デンバーを発った小型飛行機が、ロッキーの背筋を越えて着いたテリュライド空港は、空港というより崖の上のただの空地ふうで、心配になる。降りて、タクシーを呼び、女性ドライバーの車で町に入ると、そこには西部劇の舞台をりっぱにしたような町並みが出迎えてくれる。シルバーラッシュが終わって衰退し、廃村化していたそうだが、戦後、スキーリゾート地として見直され、いまはけっこう栄えている。しかし、私たちが訪れたのはシーズン前の秋で、閑散としていた。

まず最初にめざしたのは、テリュライド駅である。鉄道の敷設をジョゼフが手がけたこと、駅舎も彼の手になる可能性が高いことがノエル先生の研究でわかっている。すでに廃線になっていたが、鉄路も駅舎も保存されていた。駅舎は木造下見板ペンキ塗りで、様式はややヴィクトリアンがかっている。トーマスが日本時代に採用していた時代遅れのジョージアン様式とは違い、一歩同時代に近づいている。

次にめざした郷土資料館は残念ながら休館中。

町に並ぶ建物の主なものは、ウォートルス・ブラザーズが活躍中につくられたものだから、一〇〇年前に彼らもこの同じ光景を歩いたのかと思うと、感慨がわく。町をひと巡りしたあと、昼食をすませ、図書館を訪れた。ウォートルスとその会社について書かれた本を求めるが、ない。しかし当時、町で出されていた新聞があって、その総目録を現在作成中で、一、二年後には完成するだろうとのこと。ウォートルスという項を引けば、たくさんの記事が見られる日もそう遠くはないのである。なんせウォートルス・ブラザーズは、この町に鉄道を敷き、この鉱山町をベースとする大鉱山の経営者でもあったのだ。また来る日が待ち遠しい。

町のなかを歩き終えたあと、いよいよ鉱山へと向かう。

町の中央を貫く通りのちょうど正面に、鉱山をその一角に含むロッキー山脈の峰々が見えるのだが、地図ですでに確認していたとおり、おいそれと近づけるものではない。山の頂は四〇〇〇mをゆうに越え、銀を掘っていたところもそれに近い。町は紅葉がはじまったばかりだが、山はすでに雪に包まれている。道らしき道ももう消えたという。銀の採掘場に行き着くには、夏に地元の登山家に案内してもらうしかないだろう。また来る日が心配だ。

でも、通りを、屏風のように聳え立つ山に向かって私たちは進んだ。なぜなら、直接掘っているところだけが鉱山ではないからだ。鉱山は、採掘→運搬→選鉱→精錬の各段階からなり、それをひっくるめて鉱山というのだが、テリュライドの場合、採鉱は急峻な高所でなされているが、選鉱と精錬は、山の付け根の谷間でなされ、その谷間の入り口に発達したのが鉱山町のテリュライドなのである。テリュライドの町からさらに四㎞ほど入った谷の突き当たりに、鉱夫たちの住まいと選鉱精錬の工場が設置されていた。

そこまで行こうと歩きはじめたのだが、どうも調子がおかしい。足が気持ちについてゆかない。獲物を目の前にしながら、思うように走れない原始人の感じ。もしや、あれではあるまいか。かつて富士山に登ったとき、三〇〇〇mを超えたあたりで、そしてチベットのラサでも体験した。考えてみれば、テリュライドの町の標高は三〇〇〇mに及ぶのだ。空港はラサに次ぎ、世界で二番めの高さという。軽い高山病。

谷の奥をめざしてゆっくり歩きはじめる。谷が細くなると、道はより急勾配に転じ、左右にボタ山や石垣が現れはじめるが、建物はない。石垣の上につくられていた住宅やさまざまな工場はもうとっくに撤去されているのだ。

がしかし、さらに奥へと進む。町を出てからおよそ一時間、谷の突き当たりには工場が立っていた。シルバーラッシュのあとも鉱山は、細々と続き、その最後の精錬場が廃墟となって残っている。残念ながらウォートルス時代よりずっとあとのものだが、鉱山ならではの荒々しさと実用性が伝わってくる。この精錬工場から山の急斜面をたどりたどった先には、採掘跡が暗い穴を口のように開けているにちがいない。

日も傾いていたので、帰路を急ぎ、町に着いて、まだタクシーとの約束の時間には十分間があるので、あたりをぶらついていると、車が急に止まり、窓からさっきの女性タクシードライバーが顔を出し、早く乗れという。予定の飛行機がロッキー山脈の天候急変で欠航となり、私たちをずっと北のほうの空港に送って、別航路に乗せるため、急いで探していたとのこと。もし、約束の時間に町に着いていたなら飛行機はないわけで、ほとんどすべての施設が閉鎖中のこの町のどこかに宿を探さなければならなかった。テリュライドは、冒険技術者が地球を四分の三周して行き着いた地にふさわしい性格をいまも秘めているのである。

ウォートルスと出会ってから三〇年、さまざまなウォートルス・ファンの尽力で、謎は相当明らかになってきた。しかし、ニュージーランドのウエストポートの鉱山にはまだ誰も行っていないし、彼ら三兄弟がどこで土木、建築、鉱山、電気といった技術を身につけたかもわかっていない。

まあ、ほぼ七〇%まで正体は絞られたとは言っていいだろう（なお、この原稿を書いたあと、丸山さんはニュージーランド調査に出向き、成果をあげて帰ってきたことを付記しておく。九〇%まで謎は絞られた）。

ふじもり・てるのぶ／東京大学生産技術研究所教授・建築史家・建築家

●――建築に刃向かう

歴史を見直す、歴史から見直す

山岸常人

建築学を学ぶということは、著名な建築家になって、奇妙奇天烈な建築をわれわれの住む生活環境のなかにつくり出し、華やかに脚光を浴びながら、芸術家を気取ることをめざすことではない。われわれの日々生活している環境がどうあるべきか、そのために何を考えるべきか、何をなすべきか、なさざるべきか、深く思索する能力を身につけ、そして実践に移す。これこそが建築学を学ぶ基本的な目的にほかならない。どのような思索が可能か、その思索のために何が必要か、その契機となるような三つの話題について、筆者の専門とする建築史の立場から、若干考えてみたい。

現代建築に楯を突く

1　建築は芸術か

大学の建築学科に入学してくる学生の多くは、建築家として名をなし、自ら設計した建物がこの世に出現することを夢見ている。そしていつの日か建てられるであろう建物は、作品と呼ばれる芸術だと信じているらしい。いや、学生だけではなく、実際に設計を行っている建築家自身もそう思っている人が少なくない。しかし、ほんとうにそうなのか。建築を芸術作品と信じる人々は、建築の社会性についての思索が欠落しているのではないか。

2　建築の社会性

施主が建築家に依頼して施主の住む住宅を建てるという単純な場合を考えてみよう。施主の要望を受けて、建築家が理想的な設計をするという関係のなかでは、そこでいかに奇抜な住宅が建てられようと、なんら周辺の地域とかかわりをもたない。つまり芸術作品として完結するかに見える。しかし個人が建てた住宅であっても、その周辺の環境や地域社会に対する影響が無であるはずはない。その住宅のそばの道を通る人に快感や不快感を与えるだろうし、その住宅が日照や自然環境になんらかの影響を及ぼすだろう。その住宅を模倣した建物も出現するかもしれない。つまり個人住宅ですら、社会と無関係に存在することはできない、社会性の強い存在なのである。建物の規模が大きくなり、機能面でも事務所・商店、公共施設など、公的機能をもつ建物になれば、社会性の度合いは増大する。その建物を使う人間の数や種類も、その建物が周辺の環境に与える影響も増大し、施主や建築家の自由意思が無制限に許容されるわけではないことになる。

絵画や工芸品ならば、ほとんどの場合、作品は閉鎖された空間の中で、限られた人間にだけ鑑賞され、限られた人間と空間領域に対してメッセージを発するにとどまる。こうした場合、その作品は芸術性がすぐれていればよいのであって、社会性を考慮する必要はない。彫刻もまた同様であるが、時には都市空間や建築空間の中におかれることによって社会性を強く伴う場合もある。もっとも絵画であっても、作品にこめられた主義・主張が、強く社会に影響を及ぼし、思潮や社会運動に多大な影響を与えるような、社会性の強い作品もないわけではない。たとえばピカソの「ゲルニカ」のように……。しかし建築はそれらと大きく異なり、その社会性は甚大である。社会に対する配慮が建物の価値を決めると言って過言でない。つまり造形物としていかに芸術的にすぐれていようと、社会に対してどのような意味をもつかを考えていないような非社会的な建物は、存在を許されるべきではないのである。

だからといって、社会性の強い建築が芸術でないと言っているのではない。人間がつくり出すものにはすべて芸術としての側面は存在する。かつて美術としては認められていなかった民間でつくられる日常の生活用具は、大正年間に柳宗悦《むねよし》によってその美的価値を評価され、「民芸」という名称を与えられ、芸術としての地位をもつに至った。建築も計画理論だけで形態が決められるわけではない以上、感覚的な判断で形状が決まる余地は多分に残されており、それゆえ、芸術的側面はつねにもっている。ここで建築の芸術性を批判しているのは、芸術家を気取ってほかを省みない建築家の傍若無人な姿勢を批判したいからなのである。

3　現代建築の非社会性

建築が社会的な存在であるにもかかわらず、多くの現代建築がきわめて非社会的であることの内容をもう少し具体的に見てみたい。

すべての場所は、そしてその場所に立つ建物は、さらにその場所に建物が建っていないことも含めて、歴史的な帰結として存在する。過去の人々が営々として営んできた営為の積み重ねの結果として、その場の地形、地割、道路形態、用途、建物などがかたちづくられている。このような場所や建物の歴史的背景・意味、すなわち歴史性は、社会全体が共有している価値であって、いかに個人の自由が保証されていようとも、無条件に処理されてよい価値ではない。しかし現代建築は、歴史性をまったく無視して、地形を改変し、建物を建て替えることに何の躊躇もない。場所の歴史性は何の儲けにもならないかもしれない。歴史的な建物は建築家の「創作」行為にはじゃま者かもしれない。しかし、自分にとっていかに価値のない人間がいたとしても、その人を排除できないばかりか、その人の個性を尊重するのが当然であるのと同じように、いかなる建物もそこに秘められた歴史的価値を、積極的理由なく葬り去る権利は建築家などにはない。

まずはその場の歴史性について深く認識をし、その価値を、いまから付け加えようとする価値と対比し、斟酌しつつ、計画が立案されねばならない。具体的にこうした点にきわめて慎重な配慮がなされているのは、民家や近代建築の保存・再生とか、歴史的集落・町並みの保存の場面においてだけである。

自然環境もまた、その場がもつ固有の特性である。人手の入らない無垢の自然はまれであり、人が手を加えつつも、自然環境と人間生活がある調和を保ってきたのがわれわれの生活空間のなかに見られる自然環境の一般的な姿であるが、現代建築は自然環境についてもきわめて冷淡な扱いしかしていない。木は切り倒せばよいし、地面はどんなに掘り返そうが平気だし、水面は埋め立てて利用するしか考えない。もっとも、最近では、木を植え替えたり、人工地盤に植える技術が進歩し、擬似自然の確保が現代建築の犯罪性の隠れ蓑になっているし、水面や水辺は「ウォーターフロント」(本来水辺の意味しかないのだが)などという片仮名語に置き換えられて建設事業の目新しい潮流を示す言葉にもなっていて、それなりの配慮はないわけではないが、自然のもつ本来の価値は蹂躙されていることがほとんどである。

ちなみに最近の学生の設計演習での作品には、積極的必然性のないままに地面を掘って地下に建物をつくる例が異常に多い。地面が生物の存続の基盤であることを忘れているのではないか。しかも地下を掘ることは歴史性(たとえば地下に埋もれている遺跡)をも滅失せしめるのだ。少し地面を掘れば古代から近代までの遺跡が重層的に重なって残されているのがふつうであるが、現代の大規模土木工事はそれらを跡形もなく根こそぎ消し去っている。何百年、何千年の人間の営みがごく最近まで残されてきたのに、ここ数十年でいっさいそれらが消え去ろうとしている。一部の無神経な建築家のために……。それを、恐ろしく、また異常な事態だと思わない人間がいるとすれば、彼らの思考はきわめて一面的にしかすぎないと言わねばなるまい。

自然環境の問題に戻ると、大規模なビルが周辺の住居の日照障害をおこすこと、あるいは風害を巻き起こすことなどはすでに言い古された問題であるが、やはり見すごすことはできない。

現代の建築行為が及ぼす社会的影響として、周辺の人間の社会への影響がある。つまり地域社会の人と人のつながりに対して、重大な影響を及ぼす問題で、これもすでに旧聞に属する問題ではある。しかし、依然として周辺の地域社会に目を向けた現代建築は多くはない。とくに都市中心部での再開発では新たな大規模ビルができる一方で、小さな町家の居住者が長年なじんだ町から追い出されたり、事業から取り残されて一軒だけビルの谷間に暮らすなどという構図は日常茶飯事である。もっと身近な話をあげれば、阪神・淡路大震災の復旧のための再開発事業が、道路確保と防災用地の確保の美名のもとに、高層住宅を建て、長屋や町家が密集した下町の社会を破壊している。

そもそも現代建築は美しいのか。建築関係の雑誌を見ればたしかに新築の建物が、写真家の手で仕立てられた見合い写真よろしく「美しそうな」姿を見せている。大学の設計教育でも、平面計画や現実の都市のなかにおいたときの景観的評価はそっちのけにして、形態の美しさを評価する場面がしばしば見られる。個々の建物がほんとうに美しいかを問うのは、美の判断基準が主観的である以上、困難な問題ではある。百歩譲って、個々の建物が仮に「美」だとしても、街区や都市が美しくなっているかどうかとは別問題である。個々の建物がそれぞれ個性の強い「美」を追求したとしても、それらが集団となった街区を見れば、乱雑な集合体にすぎず、個々の建物の美しささえ価値を損なう羽目に陥っているのが通例である。それが日本の現代都市の共通した姿ではないか。街区単位でのある統一性、あるいは脈絡があってこそ、個も総体も「美」を獲得するのではないか。

かつて、社会派の建築家・大谷幸夫は、大阪万国博覧会のパビリオン設計にあたって、隣どうしの関係を考慮した設計はほとんど行われなかったと批判的に述べていたが、こうした当然の配慮なしに美しい建築など存在しうるのだろうか。ちなみにマスターアーキテクト制なる設計方式は、一人の建築家のデザイン指導のもとに多数の建築家が設計に参加する方式で、いま述べた問題の解決には有効な方式のように見える。しかし実際にそれが採用された事例を見れば、周辺地域と隔絶したある領域内のデザインの決定だけにしか機能していないように思う。そもそも与えられた敷地を、何の制限条件もないものと考えたり、敷地の外との関係もまったく考慮しなくてよい白紙と考えて設計する態度は、大学教育のなかで培われており、かかる配慮をする心をもたない教員が建築学科で設計を教えている限り、同じ資質の建築家しか再生産されないのは当然であろう。

このような現代建築の非社会的側面は、ともかくも「スクラップ・アンド・ビルド」、つまり建て替えを推し進める要因となっている。現代建築のほうが既存の建物よりもすぐれており、周囲の建物よりも目立てばいいのだから、自然にそうならざるを得ない。しかし、これは壮大な資源の無駄遣いとなっている。一部の資源は再生産可能であるにしても、基本的には地球上の資源は有限である以上、建て替えを大規模に推進してゆくことは地球環境にとっては過大な負荷を与えることになりかねない。建物を可能な限り再利用しつづけなければならない状況に至っていると認識すべきであろう。この意味においても建築家の能力は、既存の建物の修復や再生に注がれるべき時代に至っている。

さて、このような現代建築の非社会性をもたらしている要因として、教育の内容や教師の資質もさることながら、学生側の建築を学ぶものとしての心構えがあまりに脆弱であるように感じる。筆者の勤務する大学では自転車や自動二輪を使う学生がきわめて多いが、彼らは通学してきたとき、建築学科の建物のなるべく近くに駐車する。数が少ないうちはそれでも障害はおこらないが、数が多くなると、建物周囲の通路も塞ぐ状況になる。すぐれた建築や、快適な環境を創出することを考えているならば、通路を塞ぐような駐車の仕方は避けるはずであるが、一向におかまいなし。残った狭い通路の階段に腰かけて談笑し、他人が通れなくても立ち上がろうともしない。公共的な空間で煙草を吸う。好んで煙草を吸う当人が、煙草の害毒で体を壊そうが自分の責任であるが、吸いたくもない煙草の煙を吸わされる通行者の身になる気はないのか。建築学科の製図室の塵だらけのスラムのような状態は、「美しい」建築を生み出す場であるのか。泥沼から蓮の花が生える例はあるが、建築は蓮の花とは違う。結局、建築の社会性についての学生自身の認識があまりにも稀薄というべきなのであろう。

以上、そもそも建築をどう考えるかについて、批判的な見方を展開したのだが、次に個々の建築を見る考え方の一例として、出雲大社本殿を取り上げてみたい。

出雲大社を疑う

日本的な建築の特質が何であるかは、建築学を学ぶ学生の主要関心事のひとつのようである。建築の「日本的」な特質をもっともよく表す建築として茶室と並んで神社建築があげられる。しかも神社建築は、大陸からの文化的影響を受ける以前の日本固有の建築の姿を伝えているものとも言われている（論旨をはっきりさせるためにあらかじめ言うが、この考え方は誤りである）。

しかし神社建築はいつ成立したのか、成立時の神社建築の形態はどのようなものであったのか、さまざまな時代の変化にもかかわらず建築の形態は変化しなかったのか、といったことが実証的に明らかにされてはじめて、神社建築が日本的であるか否かが明確になるはずである。当面、「日本的」の内容を主題にするつもりはないが、神社建築がどのような歴史的変遷をとげているか（あるいはとげていないのか）について、出雲大社を素材に考えたい。

出雲大社は大国主大神を祀る出雲地方の大社である。大国主大神は素戔鳴尊《すさのおのみこと》の子で、国土を開拓し、皇孫瓊瓊杵尊《ににぎのみこと》に国土を譲った天孫降臨の神話で知られる。現在の本殿は延享元（一七四四）年、すなわち江戸時代中期の再建である。高さは二〇ｍもあり、小規模な建物の多い神社本殿のなかでは、きわめて規模の大きい部類に属する。

1　出雲大社本殿は高さ五〇mあった、か?

ところで本居宣長の著した『玉勝間』には、出雲大社本殿がかつては一六丈、あるいは三二丈の高さであったと記されている。一丈は約三mであるから、一六丈なら約五〇m、三二丈なら約一〇〇m、約三〇階建てくらいの高層建築だったことになる。現在の二倍強、あるいは五倍の高さである。

これをそんな馬鹿なことがあるはずはない、昔の記録など信頼できないと思うか、昔はいまでは思いもよらない技術や形態が存在したと思うか、自由ではあるが、正しく歴史を認識するためには、感覚的に是非を決めるのではなく、しかるべき判断の根拠を求めなければならない。さらに最終的には総合的な理性に裏づけられた歴史観も必要となる。そんな馬鹿なと思うのは素朴な進歩史観であるかもしれないし、あり得ると思う場合も日本古来の神道の建物は傑出したものであるはずだ、と見る国家神道の思想的影響を受けている可能性がある。

高名な建築史家・故福山敏男は、平安時代に三二丈はあり得ないだろうが、一六丈はあっただろうと考え、昭和三〇（一九五五）年に復原図を作成した。その際、復原の根拠となった有力な史料に「出雲大社金輪造営図」という差図がある。柱を三本ずつ鉄の輪で縛って、その上に桁や梁がのっている状況を描いたとされる図面で、やはり本居宣長の『玉勝間』に引用されている。その図のもととなった差図は、出雲国造家を継承し出雲大社の宮司を継ぐ千家家に所

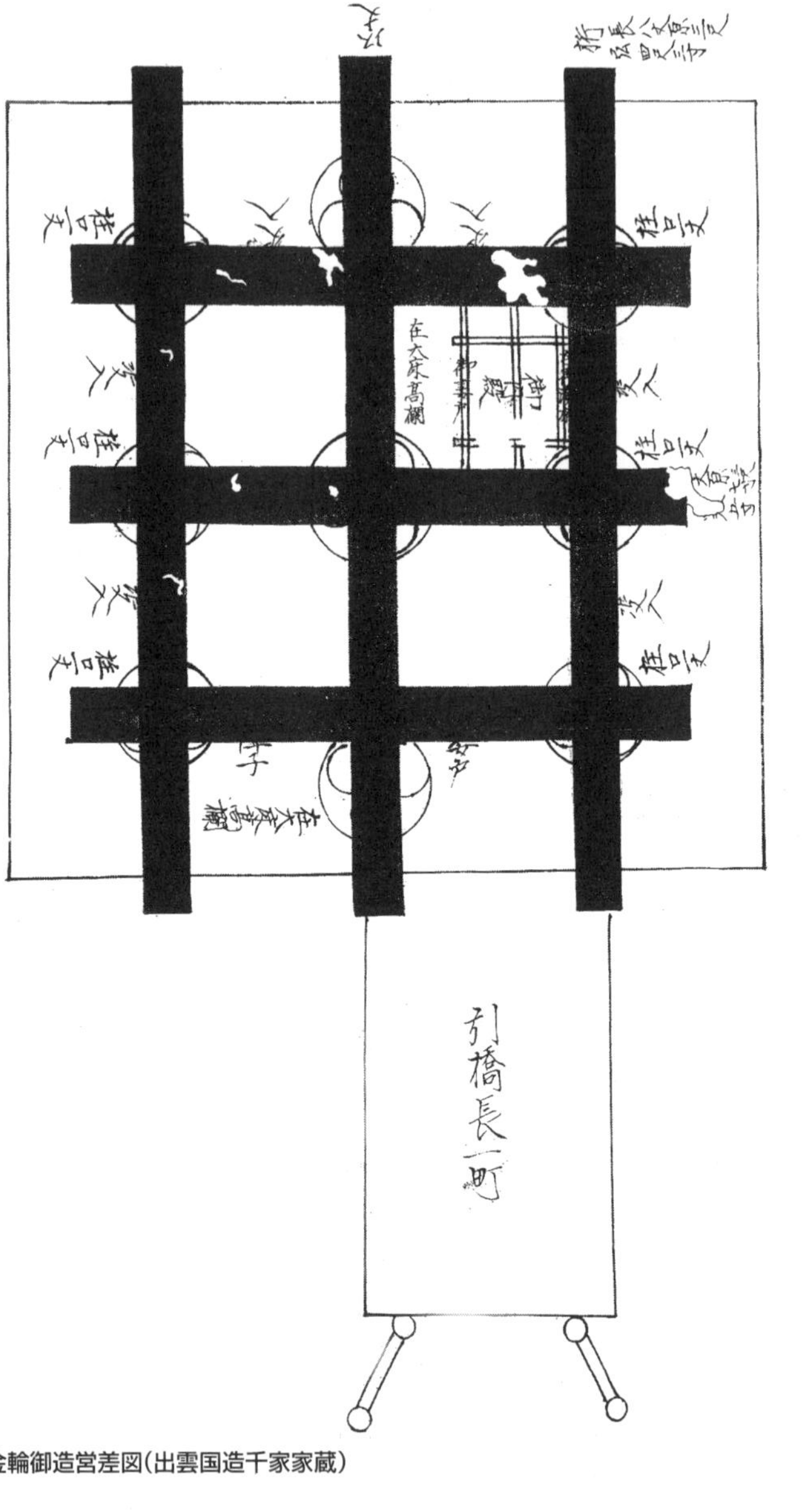

出雲大社金輪御造営差図（出雲国造千家家蔵）

蔵されており、図面自体は江戸時代の写本と思われるが、内容は平安時代の後期までさかのぼるものと、福山は推定した。

金輪造営図に記入された柱径は一丈（約三m）、柱間寸法を計測すると約二丈あり、階段は一町、すなわち約一〇〇mの長さと記されている。このような異常な太さの柱、柱間寸法、階段の長さは、高さ一六丈という伝承と合致すると福山は考えた。そればかりでなく、平安時代中期に源為憲《ためのり》の手で編纂された『口遊《くちずさみ》』という記録には、規模の大きな建物三棟をあげて、「雲太、和二、京三」と記していて、これは出雲大社・東大寺大仏殿・平安宮大極殿を指すとされている。さらにそのほかにも平安時代のいくつかの史料が残されていて、福山は高さ一六丈の本殿を現実に存在したものとして復原したのであった。

福山は精緻な史料批判と考証を行う学者として知られ、この出雲大社の復原的考察も一見非の打ち所がないかに見え、福山の復原案はその後の定説となった。しかしこれは信じうるものなのか。

2　発掘調査で見い出された巨大柱

平成一二（二〇〇〇）年の四月、出雲大社本殿の一郭の前の地中から直径一m余りの円柱三本が束になって埋まっているのが見つけ出された。これは掘立柱の根元であり、掘り方に割石が詰められ、じつに強固に柱の根元が固められていた。柱の径や三本ずつ括る構造は金輪造営図と一致し、その堅固な基礎地業は上部に広壮な建物の立っていたことをうかがわせるために、一六丈の本殿が立証されたかの報道がなされた。

いよいよ福山説は揺るぎないものかに見えるのだが、この定説に疑義を呈することこそ、学問の醍醐味なのである。どのように反論を構築できるのか。

3 一六丈は実証されたか

歴史の実証において重要なことは、①実証に使う史料を網羅的に収集することと、②集めた史料の史料批判を厳密に行うこと、にある。論じようとする論旨の反証となるような史料を見落としていては実証したことにはならない。また史料が信頼しうるものかどうかの批判的検証――史料批判――なしにはその史料は利用できない。とくにこの史料批判は、史料の出所・由来を明確にし、さらに偽物でないか、誤記・改竄がないかなどの外的批判と、史料内容の信頼度に関する内容の批判の双方を経ていなければならない。

福山が立論に使用した史料は①も②も抜かりがないかに見える。ところで史料は、論じようとする時代と同時代の史料がもっとも信頼がおける。後世の史料は、同時代史料に基づいて編纂されたものもあれば、後世に根拠なく記されたものもあるから、信頼度は低くなる。福山の論拠となった本殿の高さを示す一六丈・三二丈という数字は、『玉勝間』に記載されたもので、金輪造営図と同様、本居宣長が、出雲大社において史料を収集したらしい。したがって、とりあえずはこの数値は江戸時代の、つまり福山が復原した平安時代から見るとはるか後世の史料ということになる。では本居宣長が典拠とした史料は何か。それが判明しないとしても、一六丈・三二丈の数値の出てくる史料がどこまでさかのぼれるのかが明らかにならねばならない。平安時代の史料に、高さ一六丈と出てくれれば、本居宣長が何に拠って書いたにせよ、福山の論拠は揺るがない。

さてこの点に関して、現在知りうる限りもっとも古い史料は、康応三（一三九一）年に成立した「杵築大社旧記御造営次第」という記録である。出雲大社の別当寺であった鰐淵寺に所蔵されるこの記録に、「杵築大社三十二丈ト申ハ仁王十二代景行天皇ノ御時御造立也、其後十六丈ニナリ、次ニ八丈ニナリ、今ハ四丈五尺也、」と記されているのである。平安時代末から見ても三〇〇年以上あとの記録であるから、やはり信頼度は低い。もちろん、「杵築大社旧記御造営次第」にこう記されているということは、その根拠になった史料があったはずだから、さらにさかのぼる史料が見い出される可能性は残されているが、現在のところ、康応三年、つまり南北朝末よりさかのぼることはできない。

さてこの事実を前提にして、なぜ、康応三年にこのような数値が記されたのかを考える必要がある。出雲大社では社殿の造替がおよそ三〇年から五〇年の間隔で行われてきた。そのうち一一世紀から一二世紀には転倒したという記録が増える。さらに鎌倉時代の一三世紀中期以降は正殿遷宮が途絶え、一四、五世紀には造替を容易に行うことができないほど疲弊していた。

結局、永正六（一五〇八）年に戦国大名の尼子経久《つねひさ》が造営を引き受けて、同一六年に社殿群が完成する。兵庫県八鹿町の名草神社三重塔はこのときの造営によって、出雲大社境内に建てられていた塔が、寛文五（一六六五）年に境内から排除され山深い名草の地に移築されたものである。

つまり中世後期とは出雲大社が疲弊していた時代であり、造営事業遂行の容易ならざる時代であった。そういう時期に発せられた一六丈、あるいは三二丈という過去の栄光への憧憬の言辞は、きわめて意図的・政治的な発言と見なければならない。かつての社殿の規模を素朴に列記するとは考えがたい。過去においていかに壮大な本殿が立っていたか、それに比較していまはどうか、この落差はなぜ生じたのか、しからばいまどうすべきか、財力のある者よ、信仰心篤き者よ、社殿の復興に支援を賜りたい、そういう願いがこもっている言辞であろう。あるいは支援の意志を奮い立たせるための誇大な表現でもあろう。かつての本殿は、ただ「いまより大きくりっぱであった」ではなく、具体的数字でその壮大な様を示さねばならない。しかも、多いことや吉を示す八の倍数を用いた数字であれば、その効果はいや増すはずである。一四世紀末以前にもたしかに本殿が壮大であったことは、『口遊』をはじめとしていくつもの記録で確認されている。しかし少なくとも現在のところ、一四世紀末以前に具体的数字が残されていないということは、一六丈・三二丈を平安時代後期の本殿の高さの史料として使うことの危険性をよく示している。

このように考えたとき、「金輪造営図」の成立もまた同様の背景をもっていないかという懸念が生じてくる。「金輪造営図」は福山敏男の考証によって平安時代後期の成立と考えられている。しかし現在のところ、「金輪造営図」の古い写本は知られておらず、この差図が作成された事情を知る文書・記録も見い出されていない。出雲大社や千家家にはそのような史料が蔵されているかもしれず、そうした関連史料の出現を待たねばならないが、現状では、「金輪造営図」の古さを示すのは、図中に記された御決入《おんさぐりはめ》（板壁の意）という平安以前に使われていた言葉だけである。福山はこの図を比例関係も正確な図面と見たが、建築構造も示すような正確な図面は、中世前期以前にはほかにほとんど知られていない。とすれば、「金輪造営図」は意外に新しい時期に作成された可能性も出てこよう。

ここでは、その時期を決める根拠史料を示して説明する紙数はないが、一六丈・三二丈の数字と同様、出雲大社が疲弊した時期、すなわち一四世紀に「金輪造営図」が作成されたと考えられる。江戸時代になると幕府の援助で最新の技法・様式に基づいて再建が行われているが、寛文の造営では復古的形式を採用することが、建設計画の途中で決められているので、そのような時期に、過去にあったと考えられた形態が差図として表現された可能性も皆無とはいえない。この点については今後史料の調査を推し進めて、より実証的に判断できるようにすべき課題として残されている。

ともかくも、平安時代後期に出雲大社本殿が一六丈や三二丈の高さがあった根拠はほとんどないと見るのが妥当であり、発掘調査でいかに太い柱が出てきたとしても、一四世紀末の史料の語る寸法に合わせてそれを解釈する必要など何もないことだけは確実ということになる。

4　歴史認識の思想性

福山が一六丈にこだわったのは、なぜか。いまとなっては知る由もないが、福山は第二次世界大戦前に内務省造神宮司庁に勤務し、そこで神社建築史の研究に励んだ。内務省は国家神道の総元締めであり、福山が好むと好まざるとにかかわらず、国家神道の思想的影響下にあったことは否定できない。出雲大社は記紀神話に登場する由緒ある古社として、古い時代にも規模壮大でなければならないという暗黙の認識があって、一六丈の数字を疑うことに思いが至らなかったのではなかろうか。

いま、この国家神道的呪縛を取り払って、より冷静な学問的立場で神社建築史を見直そうという動きが活発になっている。歴史の認識にはつねに思想性がつきまとう。その思想性は学問の成果の妥当性によって検証されるべきものである。出雲大社本殿がどんな形態であったかという些細な問題にも、じつは思想性が大きく影響しているのである。

次に建築から見た歴史の流れについて考えてみたい。

時代区分を問い直す

1　画期を考える

東大寺南大門（正治元（一一九九）年建立）といえば、中学や高校の歴史の教科書に必ず写真が掲載されている鎌倉時代の建物である。それは大仏様（天竺様）という新しい様式で建てられ、その建設には俊乗房重源《ちょうげん》という勧進僧が深くかかわっていたことも高校では教えられている。鎌倉時代の武家政権の成立に伴う文化の一側面として、南大門が示されている。同時期に東大寺大仏殿・浄土寺浄土堂なども建てられ、たしかに平安時代とはまったく異なる建築技法・様式がここに出現することになる。建築史の通史的解説では、この東大寺の再建、それに伴う大仏様の出現が建築の歴史における中世の開始を示すものとして位置づけられている。しかし建築はそこで、つまり鎌倉時代の初頭で大きく変化したのか。あるいはそこで変化したのは建築の何なのか。

イタリアの哲学者クローチェは「歴史を考えることは歴史を時代区分することである」と言ったが、まさに建築の歴史をたどるに際しても、時代の画期をどのように設定するのか、言い換えればどのような時代区分ができるのか、といった問題意識は、個々の歴史的な現象を実証的に解明するのと同様に、重要な課題である。日本建築の歴史においても、歴史学のもっとも一般的な時代区分に倣って、古代・中世・近世・近代といった区分が可能であるが、その際、建築の視点から、どのような指標を設定し、いつを画期とすることができるのかについて、中世を例に考えてみたい。

2　中世の開始時期の定説を疑う

日本建築史における中世のはじまりについては、先に記したように、鎌倉時代初頭の大仏様を用いた東大寺復興をあてる考え方が一般的で、筆者が学生にレポートを書かせても、そのことを高らかに謳い上げた建築史学の泰斗・太田博太郎の言説をそのまま引用してくる学生がきわめて多い。しかしこの考え方はいくつかの点で重大な問題をはらんでいる。そのうち三点だけをあげておこう。

第一に、大仏様は貫（柱を貫通して横方向につなぐ材）を多用し、それまでの和様にはない画期的な技術であったのはたしかであるが、建築は技術だけでできているわけではない。建築のほかの要素から見た場合も、鎌倉初期は変革期であったのか。第二に、大仏様は鎌倉中期以降の建築を決定づける様式として定着したのか。第三に、大仏様は寺院建築に用いられた新技術であるが、ほかの建築類型ではどうであったのか。

第一の点については、建物の中にでき上がる空間を指標として見た場合、すでに平安時代中期から変革の波がおこっていたことを看過することはできない。寺院建築では九世紀後期から、仏堂内部の空間をいくつかに区分し、そのために内部空間を拡大していこうという動きが見られる。その具体的内容や、なぜそうなったかを説明する余裕はないが、法隆寺や唐招提寺の金堂（法隆寺は七世紀後期、唐招提寺は八世紀後期）と、奈良二上山の麓にある當麻寺本堂や滋賀県の紅葉の名所として知られる湖東三山のひとつ西明寺本堂（鎌倉前期・南北朝に拡張）とを比べていただければその違いは歴然とするだろう。要は寺院建築の内部空間の構成方法が飛鳥・奈良時代と平安時代中期以降とでは大きく異なるのである。そして、平安中期以降の形態は、鎌倉・南北朝・室町までもほとんど変化することなく続くことになるのである。そしてこの変化は、鎌倉初頭の東大寺再建事業とも、そこで用いられた大仏様ともいっさい無関係に生じた現象である。ただこの変化は九世紀に一挙におこるのではなく、徐々に変化して、一二世紀前半までのあいだにほぼ定型化すると考えられるので、平安時代後半が中世のはじまりの時期ということができよう。

じつは、歴史学においても、鎌倉幕府の開始が中世のはじまりとしてきた従来の認識から、近年、摂関・院政期を中世の開始時期とする認識に変化している。建築空間からの前述のような見方は、歴史学の認識とも合致するものである。

第二の点は、大仏様が重源という個性豊かな傑出した才能と結び付いて登場してきたがゆえに、建永元（一二〇六）年の重源の死とともに急速に用いられなくなったという事実をあげておきたい。大仏様が、重源在世中の二五年間にほぼ限られ、建てられた建物も東大寺内と東大

當麻寺本堂。手前は内陣、左手奥が礼堂。このような内部空間が中世の仏堂の典型（1161年）

明王院本堂礼堂。自由闊達な折衷様の技法と意匠が遺憾なく発揮された代表例（1321年）

寺や重源に関係するごく限られた寺院にしかなかったという、きわめて特殊な建築様式であったのである。では大仏様はそれほどに歴史上、微細な存在であったのかといえばそうではない。一三世紀後半以降、大仏様のいくつかの要素が、平安時代以来の和様に取り込まれ、技術的にも意匠的にも革新的な建物を創り出すことになる。この大仏様の影響、あるいは再評価は一四世紀いっぱい続き、新和様・折衷様と呼ぶ意欲的な意匠や構造の建物を生み出すことになる。広島の明王院本堂は、その代表的な例である。技術的な流れに注目するならば、鎌倉時代初頭よりも、新和様・折衷様の展開のあった鎌倉時代後期から南北朝期をひとつの画期と見るべきであろう。

第三の点は、住宅・神社などの歴史的展開過程をたどる必要があるが、とりあえずは東大寺の復興も大仏様も、ほかの建築類型の画期となる要素ではないとの結論だけを述べておこう。以上のように考えると、鎌倉時代初期が中世の開始時期であるとの通説は意味をなさないことが明らかとなろう。筆者は平安時代後期から院政期が中世の開始時期だと考えている。鎌倉初頭の大仏様に古代と中世の境を見い出す考え方は、技術至上の近代主義的思考によると考えられる。ここでも思想性の影響が問題となっている。

3　何を指標にするか

時代区分とは歴史の大局的な流れをどのように理解するかという問題であるが、その際、何を指標とするかが重要である。前述の中世に関しては、建築技法、建築空間のいずれを指標とするのが有効であるか、によって考え方に違いが生じたわけである。もちろん多様な指標を併用しつつ、それらを総合的に俯瞰して画期を見い出す手法もあろう。そして何よりも、設定できた画期が、歴史のさまざまな側面を説明するのに有効であるか否かが、検証されねばならない。

以上、歴史を見る目から建築に関するいくつかの問題について、「刃向か」ってみた。既成概念や定まった理論・定説を疑うことは、建築学に限らずすべての学問で必要な態度である。しかしその疑いや批判が有効であるためには、自らの立論のために確実な根拠をつかむ必要がある。論拠のない空論は仮説として意味をもつこともあるが、他人や社会に対する説得力はもたない。必要な論拠資料を確保し、それに則った確固たる理論を築く。そこから建築のあり方に対する正しい認識が生まれるはずである。安直な評論や、社会の風潮に流されることなく、確実で有効なものの見方を養うことに努めるべきである。そしてそのためには、現実の社会、建築、都市を観察し、深く読み込むという姿勢が欠かせない。建築学を学ぶということは、結局そういうことにほかならない。

やまぎし・つねと／京都大学助教授・建築史家

技と心と心意気

——建築は直せる

西澤英和

子どものころ見たある光景

僕の小学生時代はまだ戦後間もないころ。いまから思うと物資はずいぶん乏しかったようだ。そのころ校舎のそばの、緑に囲まれたりっぱな木造の建物が道路工事で壊されるらしいという話を聞いた。どうなるのかと思っていたら、建物の柱や梁などは、一本ずつていねいに外されて少し離れた場所にもう一度建て直された。

驚いたのは真っ白な土蔵だった。ある日、何人かの職人さんがやってきて、蔵の足元に穴をあけて、デカい材木をカンザシのように通しはじめた。何をするのだろうかと思って僕は毎日観察を続けた。数日後、鉄の固まりのようなジャッキをもってきて、土蔵全体を土台ごともち上げた。そして、道にコロを敷いて、何本ものロープで土蔵を結わえて、ソロリ、ソロリと引っ張りだしたのだ。まわりは見物人でいっぱいになった。

まさかこんな重そうな土蔵が動くなんて……。みな度胆を抜かれた。まるで祭りのダンジリだ。途中何カ所か曲がり道があったが、ダンジリを引き回すように回転させた。何日かののち、土蔵は何ごともなかったかのように何百mか離れた別の敷地に収まった。

激しい空襲で焼かれた大阪の街にはまだ空き地が目立っていた。そんな風景のなか、戦災を免れて残った緑や古い建物が大好きだった。だから、少しかたちは変わったけれど、建物や蔵や森が残ったときはほんとうにうれしかった。

それにしても、取り立てて特技も才能もなかった僕が、なぜ建築の道を選んだのだろうか？そんなことをときどき思う。いろいろな理由が思い浮かぶが、小学生時代、大工や鳶職のおじさんたちが建物を解体して組み立てたり、土蔵を移動させるのを見て、ほんとうにびっくりしたことに、どうも出発点があるように思えてならない。

「直して使うこと」と「壊して捨てること」

「これからは使い捨ての時代だ。アメリカ人はみなそうしている」

中学生のころから、そんな言葉をしばしば耳にするようになった。いま思うと、日本は本格的な高度経済成長の時代を迎えていたようだ。でも、それはほんとうだろうか？　さほど豊かになったとも思えない、まわりの状況を見ながら疑問に思ったのは、にわかにこのような使い捨てを賛美する風潮だった。

僕がはじめてアメリカに行ったのはいまから二〇年ほど前。円高がはじまっていたが、まだ一ドル二五〇円くらいの時代だ。そこでまず知りたかったのは、ほんとうにアメリカ人は何でも使い捨ての浪費生活をしているのだろうかということだった。

行く先々で出会った人たちはみな親切で、僕の拙《つたな》い英語の質問にも真剣に答えてくれた。そこで驚いたこと……。

まず、彼らは家具を買うときでも、家族で何度も相談しながらじっくりと品物を選んでいること。衝動買いはせず、次の世代でも十分に使えるようなよいものを高くても選ぶそうだ。もちろん安価な品も多い。だが、それらも使わなくなれば捨てるのではなく、ガレージセールなどでていねいに使ってくれる人を探して、次々に譲っていくようだ。

それに、住宅のりっぱなことにも驚いた。日本では住宅の耐用年数は二十数年、一世代以下の短いサイクルで建て替えられているという。そこで、「アメリカの住宅の耐用年数は何年ですか?」と尋ねたら、「耐用年数って、何ですか?」と逆に聞き返されて、ずいぶんショックを受けた。

「建物は半永久的にもたせるもの」。これが欧米、いや世界の常識だったのだ。欧米では、住宅はしっかりとつくり、こまめに修理や改造の手を加えながら、何世代も使いつづけていたのだ。だから、建物に「耐用年数」という概念はあてはまらない。どうやら「耐用年数」という考え方は、建物を家電製品と同じように短いサイクルで建て替えさせるための、世界には通じない日本だけのトリックかもしれないぞと直観した。

それともうひとつ、欧米には「税金や寄付で建てられた建物は壊してはならない」、あるいは「祖先から受け継いだ歴史的な建物は遺産として大事に保全しなければならない」という暗黙のルールがあることも知った。

その代表格が、税金や寄付でつくられた市役所や学校、駅や公会堂などの「公共建築」(Public building)である。市民の誇りは、たいていこのような建築物であり、これらは街のシンボルとしてピカピカに手入れをされて、歳月とともに風格を増し、周囲の歴史的建造物とともに、その街固有の歴史と文化を感じさせている。

たしかに、日本のほとんどの都市は、第二次世界大戦末期の無差別爆撃によって徹底的に破壊された。だから戦後復興の目標は多少寿命は短くても、とにかく住宅を大量に早く供給することだった。これは欧州でも同様だった。だが、戦後六〇年近くを経た現在では、欧州と日本では、住宅をはじめ建築や都市を取り巻く状況があまりにも違う。欧米では、地方色や文化を感じさせる都市が再生されているのに、いまの日本の街はどこも同じような無機的な建物が、豊かな日本の歴史風土を侵食しつづけている。

なぜ、これほど差がついたのか？　それは、高度経済成長期以来、建物をひたすら建てては潰してきた日本人と、建物を「社会資産」として大切に使いつづける欧米人との建築に対する姿勢の差にあるのではないだろうか？

写真1aは、ロサンゼルス市内の住宅街の状況である。この地区には約一〇〇年ほど前につくられた木造のビクトリアン様式といわれる当時の分譲住宅が何棟も残っている。その多くは最近住む人がいなくなり、写真に示すように、土台や外壁がずいぶん傷んで放置されて、ほとんどスラム化していたのだ。そうしたなかで、このような建物はいまどんどん歴史的建造物として市の財産に登録され、写真1bのように少しずつ昔の姿に修復されている。新しくこの土地にやってきた人たちが、趣味もかねて地元の大工さんたちと一緒に、建物をじっくり直して

a　放置された状態

b　少しずつ修理している状態

写真1　ロサンゼルス近郊の古い木造住宅

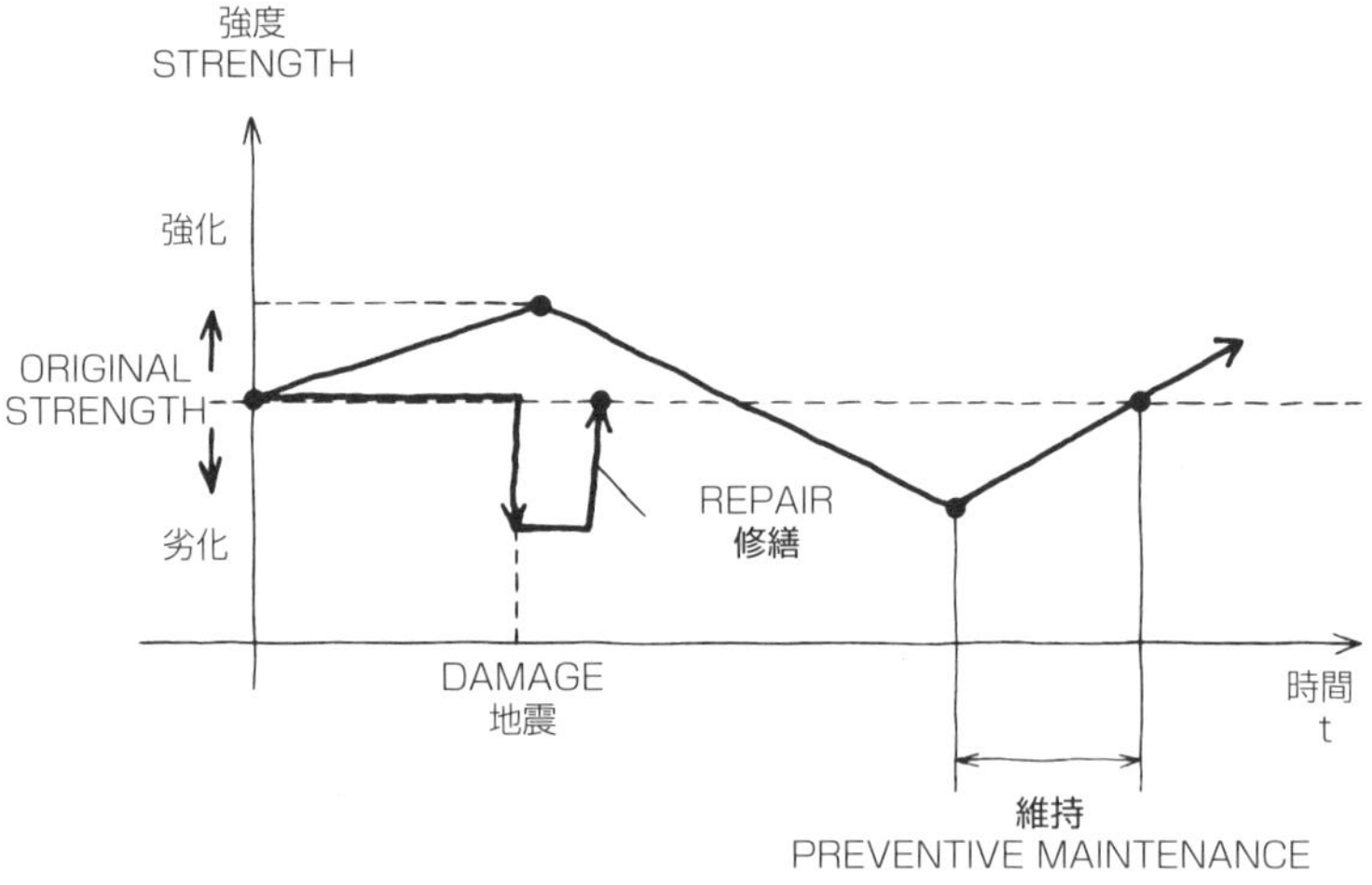

図1　建物の強さの経年変化の模式図

いるのである。このような姿は、いま世界の至るところで見られるようになっている。決して、古くなったからといって壊さないのである。歴史を伝える建物を大切にしている現場とはこのようなものである。

それにしても、外国の美しい都市を見るにつけ、ほとんど傷んでいないのに、あるいは少し修繕すれば何百年ももつ小学校の校舎などを平気で潰してしまう無神経さ。いまの日本人の異様さを感じずにはいられない。

目先の経済的な利益のために、多くの人々がやっとの思いで築き上げた建物やそれを取り巻く環境を、壊してはつくりつくっては壊すという虚しい営み。これがここ数十年の日本の実像といえないだろうか？　まさに「賽の河原の石積み」ではないか？

ここでは、日本の豊かな建築文化を再構築するのに、ぜひとも取り戻しておきたい視点、すなわちものや建物を大切に使いつづけるために必要な「直す技」について、少し考えてみよう。

「建物は直せる」ということ

どんな建物でも、長年の風雨や地震などの自然災害によって徐々に損傷する。とくに日本はアジアのモンスーン地帯にあって、夏場は熱帯並みに高温多雨。しかも冬は亜寒帯並みの厳しい寒さと降雪に見舞われる。加えて、毎年のように台風が襲来する。しばしば大地震もおこる。これほど建築にとって過酷な国は珍しい。

しかし、国宝の法隆寺の伽藍建築など一〇〇〇年を超える社寺建築がしっかりと残っている。これほどでなくとも、民家などの身近な伝統的建築には、百数十年を経過したものが多い。築三〇〇年の木造家屋も珍しくないのである。

現代の木造住宅の多くが、二〇年ほどしかもたないと言われているのに、煉瓦や石などと違って、すぐに腐朽すると思われる木や竹、それに土でつくられた伝統的な木造建築がなぜ、これほどの耐久性を示すのだろうか?

それには、次の二つの、「直す技」があったからだと思われる。

①長年のあいだに生じた傷みを直す技：長年の風雪や、虫害などによる建物の傷みを進行させないようにすること。

②突発的な被害を復旧する技：台風や地震などの突発事態で万一損傷しても、修理して強度を回復させること。

1　継年劣化を直す技

図1は、建物の強度と建設後の経過年数との関係を模式的に示したものである。一般に建物の強度は経過年数とともに低下すると考えられる。

ただし、コンクリートの強度などは、打ち込んでから何年かのあいだ、徐々に結晶化が進んで強くなる。実際、昭和のはじめの鉄筋コンクリートの建物を調査すると、七〇年前にはたとえば一cm²当たり一五〇kgくらいを目標につくられていたものが、いまではたいてい二倍くらい強くなっている。同様に、檜などの木材も伐採してから三〇〇〜四〇〇年くらいのあいだに段々と強くなり、その後徐々に低下しはじめて、やっと一〇〇〇年後に伐採したときの強度に戻るといわれている。

最近は、材料は新しければよく、古いものは悪いと信じている人が多い。だが、ほんとうによい材料とは、このようにたいてい長期間寝かせたものが多いのである。土なども同じである。

さて、このように材料を吟味して建築しても、どの部位も同じ荷重や温湿度の条件にあるとは限らない。もっとも過酷な環境条件に晒されるのは「屋根」である。だから、建物を長もちさせるには、屋根を直すことが一番大事である。

大昔は茅や藁などの植物性の材料を屋根に葺いていた。そのころは、頻々と葺き替え、使い終えると田畑の肥やしとして土に戻していた。やがて、経済力が増して、たくさんの家が集まるようになると、火災の危険性も高まるので、江戸時代の中ごろからは、庶民の家にも瓦屋根が普及しはじめた。高温で焼成された和瓦は一種のセラミックスである。耐熱性と耐久性に富むが、このような瓦でも五〇〜六〇年くらい経つと表面に微細な亀裂が生じて、雨水がしみ込み、冬場には凍てて剥離したりする。

このような状態を放置すると、瓦の下の野地や垂木などの部材に雨がまわって、木材を劣化させる。湿気を好むバクテリアや白蟻などが発生するからである。さらに、垂木を支える桁や梁にも水が入ってくると、急速に建物の強度が低下する。こうして軒先が垂れ下がったり、瓦が波うったりして、見た目にも建物の傷みがはっきりと見えるようになる。そしてついには、大きな荷重を支えている柱や梁などの主要部材が劣化する。こうなると、地震や台風などで、本来の強度、つまり実力を発揮できず、倒壊などの大被害を招く危険性が急速に高まる。

これは、木造だけの話ではない。耐久性に富むと信じられている鉄筋コンクリートでも事情はあまり変わらない。一般的な屋上の防水仕上げの寿命はせいぜい十数年。夏には裸足で歩けないほどの熱射を受けるので、防水材料の劣化は早い。また屋上のコンクリートは熱による膨張収縮によって、たくさんの亀裂が発生する。そのため、いったん防水層の下に水がまわると、屋上のコンクリート床の亀裂に水が浸透して、中の鉄筋を腐食させる。そして鉄筋の錆は膨張してコンクリートの亀裂をさらに広げる。こうして、ある段階を超えるとコンクリートも急速に傷み出す。

さて、写真2は、建築後二百数十年経った奈良県の今井町にある木造建築の修理前と修理後の状況である。この建物は、肥料や金物を扱う商人の家。道に面して格子のある家並みが続く一画にある。でも修理前は土壁は落ち、軒の瓦も乱れていまにも崩れそうだった。誰もがもう壊すしかないと思うほどだったのだ。けれど、屋根を解体して傷んだ木材を修繕。瓦を葺き替えて最後にもとの白壁を塗ると写真2ｂのようなもとの美しい姿が蘇った。

このように、日本で建物を劣化させる最大の要因は雨漏れである。したがって、雨が漏れる

a　修理前

写真2　木造建築を修理すると……　　b　修理後

前に、つまり瓦葺きや屋上の防水が傷みはじめる前に、まめに修理すれば建物はほとんど新築のままの強度を維持できるのである。

台風などの突発事態を別にすれば、通常の瓦屋根は五〇年くらい、茅葺き屋根で二五年くらい、マンションなどの屋上防水が一二、三年くらいが目安といわれている。そして、屋根工事に併せて、下地の木材や、コンクリートの傷みを点検して修理しておけばよいのである。

つまり、このように建物の部材が傷む前に適切な手を加えることを「維持保全」と呼んでいる。そうすれば図1のように建物の強度は回復され維持される。何ごとも「転ばぬ先の杖」。傷み出す直前に直すのであれば、たいして費用もかからない。「健康診断」と「予防医学」。これが建築を長もちさせる極意である。

なお、余談になるが、じつは鉄筋コンクリートでも、日本の伝統建築のように瓦屋根を設けるべきだと僕は考えている。建築後、十数年を経てそろそろ防水が傷み出したマンションなどでは、深い庇をもった瓦屋根を既存の屋上に被せればよい。こうすれば、建物はほとんど傷まなくなるので、寿命を飛躍的に伸ばせる。それだけではない。屋根に空気層ができると、最上階も夏涼しく、冬温かくすごせるようになる。省エネ効果も抜群。一石三鳥だ。このような屋根を「置き屋根」と呼んでいる。これも伝統ある和風建築の知恵なのだ。

直せる

2　突発的な被害を復旧する技

写真３ａは有名な鎌倉の円覚寺舎利殿。美しい屋根をもった禅宗様の名刹である。だが、この建物は大正一二（一九二三）年の関東大震災で写真３ｂのような姿になってしまった。建物の柱が倒れて、軒より上の屋根部分はほとんど壊れていないのに、その上にのしかかったような状態になってしまったのだ。しかし、柱自身はほとんど傷んでいなかったことから、どうやら地震の激しい揺れで、建物全体が上方に吹き飛ばされて、柱が外れて倒壊したらしい。いまの舎利殿は、関東大震災のあと、基礎のまわりを鉄骨で補強して、修復されたのである。

近いところでは、平成一〇（一九九八）年九月の台風七号の被害を受けた国宝の室生寺五重塔がある。一二〇〇年ものあいだ、美しい姿を保ってきたこの塔は、台風の風で倒れた杉の大木によって写真４ａのように一瞬にして軒が破壊されたのだ。だが、あれから三年。写真４ｂのように見事に蘇った。

じつは、平成七（一九九五）年の兵庫県南部地震でも多くの社寺建築や民家などの歴史的建造物にも相当な被害が発生した。だが、このような被害は今回がはじめてではない。以上のような被害は過去にはいくらでもおきていたのである。ただ、いままではたいてい短期間に修理して復旧されてきた。そのため、修復された事実についてはあまり知られることはなかった。それから、災害で大きな被害を受けるのは、たいていは長年放置されて、部材などが腐ってい

a　現在の状況

b　関東大震災直後の状況

写真3　鎌倉の円覚寺舎利殿

a　平成9年の台風の直後

b　修復後の状況

写真4　国宝室生寺五重塔

る建物がほとんどである。したがって、地震などで被害を受けると、これをチャンスとばかりに、修復だけでなく、それまでに傷んでいたところもしっかりと修繕してきっちりと直す。つまり、次の災害に備えるだけのたくましさがあった。そのような技術が昔の日本には備わっていたのである。

だが、今回の地震災害では状況がまったく違った。数週間もあれば直るような多くの建物のほとんどが解体除去されたからである。

一般に、建物を解体除去するか、残せるかの岐路に立ったときに、その危機を克服できるかどうかは、建築にたずさわる者が「建物を直す技」「知識と技術」をもっているかどうかによって決まる。

「心意気」と「技と心」

こうした日本の歴史を振り返ると、なんでも潰して新築するという最近の建築技術、すなわち「直す」ことを忘れた建築技術は、じつは大変危ういものであることがわかる。要するに「新築」することばかりに気をとられていたために、かつてはふつうに復旧できたような簡単な修復すらできず、いたずらに解体を進める結果を招いてしまったのだ。その意味で、今回の地震は日本の建築災害史上まれにみる「負け戦」であったと総括されよう。

建物をうまく直すこと。このためには、いまの時代の技術だけではなく、過去のさまざまな構法や材料、施工方法、さらに各時代の設計の考え方などについて知る必要がある。そして、このことは現在の建築をよりよく理解することにもつながる。先人の建物を直せない建築技術者は結局、いまの時代の建築をも理解できていないことを示しているようだ。

現代人はややもすると、次々と新しい玩具をほしがる子どものように、見かけの新しさだけを求めているようなところがありはしないだろうか？ しかし、壊れた玩具でも捨てるのではなく、一度自分で修理してみるとずいぶん見方が変わる。直そうとしてはじめて、それをつくった設計者の意図、あるいはそれをつくった人たちの技量の善し悪しが見えてくるというものだ。言い換えれば、直すことによって、はじめて自分の持ち物になるといえるのだ。

何ごとにせよ、ものを大切にする気持ちのないところに、創造は生まれない。これからの日本建築界に望まれるのは、僕が小学生のころ見たような土蔵を動かす曳き家の技術、伝統的な棟梁や鳶職などが共有してきた、他人や祖先が残してくれたものを決して壊さず、大切に使いつづける「心意気」と、ものを直して使う「技と心」であろう。

にしざわ・ひでかず／京都大学講師・建築医

お城も宮殿も原爆ドームも

——建築はあやしい

木下直之

建てて壊してまた建てて

家から駅へと向かう道の途中に、古い柱や梁を積み重ねた場所がある。簡単なトタン屋根は掛けてあるものの、雨風を防ぐことはとてもできない。もう何年もそのままだから、木材は痛んで、端から腐りはじめている。持ち主は、いつかまたそれを使うつもりだったのだろう。木材にきちんと印をつけておきさえすれば、あとはほぞとほぞ穴、つまり凸凹を合わせるだけで、元通りに家が建つはずだからだ。

こんなふうに、まるでプラモデルのように、日本の木造建築は建てることもばらすことも簡単で、したがって、それを別の場所に運んでまた建てることも簡単である。とはいえ、そんな手間隙をかけるのは、社寺や茶室などよほど由緒のある建物が相手の場合であって、ふつうの家ではまずしない。新しく建ててしまうことのほうがいっそう簡単だからだ。それに、家の解体現場に立つとわかるとおり、黴臭い湿った臭いがプーンと鼻を突いて、木造建築の多くはすでに立ちながら腐りつつある。

いまでこそ素人目には得体の知れない建材が使われているが、少し前までは、日本の建物は木と紙でできていると揶揄されたとおりで、だからよく焼けた。アメリカ軍はそれを見越して焼夷弾を開発したという話だ。ねらいは的中、空襲でたくさんの町が焼け野原になったのはほんの五八年前のことだし、八年前の阪神・淡路大震災でもそれが再現されるのを、当時神戸に

トタン屋根の下に積み重ねられた古い柱や梁（2003年）

鳩小屋と住宅がひとつになった建物（2003年）

住んでいた私は目のあたりにした。

建物がよく焼けたりよく壊れたりした歴史は、裏を返せば、へこたれずに、よくまた建物を建ててきた歴史でもある。東京でいえば、東京大空襲にさかのぼることわずか二二年、大正一二（一九二三）年の関東大震災でも壊滅しているし、さらにさかのぼって安政二（一八五五）年の安政大地震でも壊滅していたはずなのに、それは一方で経済の活性化につながった。

七転八起、早い話が、地震と火事は大工と鳶と左官と材木屋を太らせたのである。安政大地震の直後には、彼らの焼け太りを風刺した錦絵が数多く出回った。そこでは、大鯰《なまず》（もちろん地震を意味する）と一緒に宴会をして騒いだり、いじめられる大鯰を助けに駆け付けてくる職人たちが描かれている。

現代のようにコンクリートや鉄材が多用され、一軒一軒の建物の不燃性は飛躍的に高まっても、建てては壊しまた建てるという繰り返しが際限なく行われ、それを住民がなんの抵抗もなく受け入れていることは、長い歴史のなかで身につけてきた建物観だというほかない。言い換えれば、目の前にある建物にはたいして期待をしない、どうせいつかは消えてしまうという投げやりで、まるで幻を見ているような感覚がわれわれのなかにありはしないか。

建物の使用前と使用後

そこで、建築家や建築史家は建物をもっと大切にせよという。そして、大切にすべき理由が、おそらく次の四つの観点から語られる。第一にそれが誰によってつくられたか、第二にそれがどのようなスタイルでつくられているか、第三にそれが誰によって使われ、どんな出来事がそこでおこったか、第四にそれがその地域の景観にどのように貢献しているか。

東京駅の駅舎を例にとってみよう。第一に、東京駅は辰野金吾の設計により、大正三（一九一四）年に竣工した。明治二九（一八九六）年竣工の日本銀行本店とともに、辰野の代表作である。第二に、スタイルはルネサンス様式で、いわゆる明治の赤煉瓦の雰囲気をよく伝えている。東京大空襲で焼け、ドーム屋根と三階部分を失ったものの、ファサードに竣工時のスタイルを辛うじてとどめている。第三に、大正一〇（一九二一）年に駅頭で原敬《たかし》首相が暗殺され、昭和五（一九三〇）年には構内で浜口雄幸《おさち》首相が狙撃されるという不幸な事件がおこった。それもいまとなってはこの建物の付加価値となったが、それ以上に、東京駅は日本の近代化を象徴する場所であり（なにしろ全国に張りめぐらせた鉄道網の上りである）、高度経済成長期を支えてきたことが（たとえば昭和三九年の新幹線開通）、建物に風格を与えてきた。第四に、様式建築が次々と姿を消し、丸ビルまでもが取り壊されてしまった現在、東京駅は皇居に対峙して丸ノ内の景観の要の役割を果たしている。

東京駅の取り壊しの話がおこったときには、保存に向けて、これら四つの理由はいずれも強力に働くにちがいない。しばらく前ならば、第三の理由は少し弱かったかもしれないが、いまではむしろスタイルや景観のように目に見えるものばかりでなく、建物や土地にまつわる集合的記憶といった見えないものにまで世間の目は向けられている。

ところで、四つの理由のうち、第一の理由はもっとも強力に働くと思われる。東京駅が辰野金吾の設計になることは議論の余地がなく、建築史上での辰野の評価が地に墜ちないかぎり安泰である。しかし、辰野が設計者であることと作者であることとは微妙に違う。つまり、こうした議論では東京駅を辰野の作品ととらえて疑わないが、建物イコール作品ととらえることは果たして自明だろうか。それを考えてみたい。

百歩譲って、竣工時の東京駅は辰野金吾の設計どおりに実現した作品であるとしよう。その時点で、作者と作品のあいだに親と子に似た強い絆を認めることも可能かもしれない。しかしながら実の親子では、子は日ごとに成長し、親から離れ、やがて親は子が自分のものではなかったことを思い知らされる。

建物もそれに似ている。同じ造形芸術でも、そこが絵画や彫刻と違う。絵画や彫刻と異なり、その内部に人を受け入れる建物は、住人や利用者によって勝手気ままに使われ、改造され、変形され、建築家には思いもよらない意味さえ与えられてしまう。もし、広島にではなく東京に原爆が投下されていたなら、東京駅が「原爆ドーム」になり、反戦平和のシンボルに使われている可能性だってないわけではない。

多くの建築家はこの現実を受け入れたがらない。現実よりも、自分で設計した建物は自分の作品であるという幻想のほうを大切にする。竣工写真、言い換えれば使用前の写真は幻想を現実のように見せかけてくれて好ましい。写真からは慎重に人影が排除される。そのほうが建物が永遠に存続するような感じを与えてくれるからだ。

またぞろ親子にたとえれば、親はせっせと子の成長ぶりをカメラに収め、アルバムに整理する。やがて子が親の思いどおりに写されることを拒絶しはじめると、「昔はかわいかったねえ」と夫婦で嘆息しては、現実に背を向け、古きよき時代の思い出に浸るようになる。同様に、多くの建築家はせっせと竣工写真を自分の作品ファイルに登録して、使用後の写真には目をくれない。

やがて、それら竣工写真は彼の作品として流通する。雑誌に紹介され、うまくいけば作品集として出版される。美術館での展覧会だって可能となる。建築史にも編み込まれる。こんなふうに、建築家を基軸に、竣工時を起点に、写真を用いて建築を語るという仕組みはがっちりとでき上がっている。

もちろん、竣工時を座標軸としなければ比較のしようがないという考え方はあるだろう。そこからしか展開できない建築家論や建築史もあるだろう。しかし、それだけでは、建物がずるずると変貌しつづける現実をとらえきれない。

なぜなら、われわれの暮らす町とはそうした建物の集合体であり、おまけにわれわれとは、こと建物に関してはじつに身勝手な利用者だからだ。それに、建築雑誌のなかでは「はい、私はあの建築家の作品でございます」と見得を切っているような建物が、そもそもわが町には見当たらない。

どこからが建物

では、わが町はどんなふうにでき上がっているだろうか。そこでもう一度、家から駅までの道を思い浮かべてみる。歩けば二〇分、道の両側だけでもどれほどの建物が立っているのか数えきれない（じつは思い出せないのだ）が、タイプはさまざまだ。ピンは重要文化財指定の神社（いかにも伝統的建築というりっぱな姿をしている）から、キリは住宅の庭先に建てられた下見板の物置小屋（ヨドコウの物置に押されていまではとんと目にしない貴重品）まで。

すると、それならば犬小屋や鳩小屋は建物だろうか、という疑問がすぐに湧く。近所に鳩小屋付きの住宅がある。大工が建てた建物の屋根に、今度は住人が鳩のための住宅を建てたことになる。両者は物理的にも、たぶん精神的にも（この場合は住人と鳩が）融合しており、もはや両者合わせてひとつの建物と化している。

ポリス・ボックス（交番）は建物だが、電話ボックスはどうだろうかという疑問も湧く。

前者においては、市民に愛される警察をめざしてしばしば大胆なデザインが採用される。単に内部に警官の居住空間があるからではなく、建築家による建築的実験が試みられるという点でも紛れもなく建物だ。しかし、大胆すぎる実験は、ときに交番を建物から逸脱させる。なんだか路上に置かれた目覚まし時計か貯金箱みたいだと思ったことが何度もある。

一方、透明で人ひとりしか入れない（無理すれば三人ぐらいは入れる）後者を建物と考える人はいないだろう。ところが、町おこしの一環で、その土地を代表する建物のイメージが無理矢理付加された電話ボックスを至るところで目にする。そんな電話ボックスは、交番とは逆に、建物でもないのに建物ふうであることを余儀なくされているといえそうだ。

幸いにもわが町の駅前にモニュメントはそびえていないが、全国の駅前でよく見かける彫刻とも建物ともつかない建造物、あれは何であるか。外灯やベンチやゴミ箱と一緒くたに、「路上の家具」（ストリート・ファーニチャー）とする呼び名もある。たしかに彫刻だって家の中では置き物扱いをされるのだから一理あるものの、それが自称彫刻家・他称彫刻家の仕事であれば、家具ではなくて芸術作品だと作者は反発するにちがいない。

ちなみに、建物と彫刻の違いは、その内部にトイレがあるかないかで決まるというわかったようなわからないような話を聞いたことがある。いや、まさしく境界線を探るこうした話は、泥沼に足を踏み入れたようにわけがわからなくなる。

仮設なるもの

それでもこれまでの話は、目に見える、いわば空間上の境界線を問題にしていた。別に、時間上に引かれる目には見えない境界線もある。むろん建物にも時間は流れており、赤ん坊のような建物もあれば、老人のような建物もある。竣工を誕生、解体を死だと考えれば、竣工以前はまだ建物ではなく、解体以後はもはや建物とはいえない。
しかし、誕生から死までが極端に短い建物、たとえば祭礼の期間のみ数日間出現する仮設の建物（したがってその早すぎる死期はあらかじめ定められている）などはどう受け止めればよいのだろう。

法隆寺がどれほど世界最古（の木造建築）であることを誇ろうとも、すべての建物に寿命はあり、永遠に存続する建物などあり得ず、恒久的であるか仮設的であるかの違いは、じつは寿命が長いか短いかの違いにすぎない。したがって、仮設という言い方が、建物は恒久的であれという考え方を前提にしている。両者を分けるものがあるとすれば、それは先に述べた「死期の設定」、すなわち取り壊しまでが建設時の予定に含まれているか否かにある。

住宅のようなささやかな建物でさえそこまでは決めない（住人は決めたくない）はずだから、仮設の基準にあてはまるものは祭礼や博覧会の建物ぐらいだと思うかもしれないが、それならば、ひたすら建設と解体を繰り返してきた伊勢神宮はどうなる。建設時にはすでに二〇年後の解体がきっちりと予定されている。それは、恒久的であれという目的のために仮設的であることを手段にした建物というほかない。頻繁に若返りを繰り返すため、スタイルがどれほど古くても、物質的にはつねに新しい、それゆえにユネスコの世界遺産という世界基準からは登録不可と判定されてしまう建物である。

こうした仮設建築を建築史はうまく取り込めない。建築史の基本は現存する建物を時系列にそってつなぎ、そのスタイルや技術の関係を論じることで、近代に至るとさらに建築家の評価が加わる。各時代、各スタイル、各建築家を代表する建物を、個別に、あたかも永遠に存続するかのようにとらえるからだ。

ここでも竣工時が比較の基準となる。竣工時の建物を本来の姿とせずに、それぞれの経年変化まで考慮に入れたら、時系列に配置することさえできなくなり、建築史は歴史学であることを放棄せざるを得ない。こう考えると、伊勢神宮のような曖昧な性格の建物は日本建築史のどこに位置づけたところで、いかにも居心地が悪い。それがどれほど古いスタイルであっても、古いスタイルを伝えようとする現代建築にほかならないからだ。

仮設であることをよりはっきりと示す建物は、はじめから建築史に出番をもたない。明治時代の二つの大きな戦争、日清戦争と日露戦争の凱旋を祝う祭典に雨後のタケノコのように林立した凱旋門は、歴史に記録されない建物の好例である。

日清戦争では外側を植物で飾ったもの、いわゆる緑門が多かった。明治二八（一八九五）年五月に東京日比谷練兵場に出現したそれは最頂部の高さ一〇〇尺（約三三m）と信じがたいスケールであったが、やはり全体を植物の葉が覆っていた。近づいて撮った写真を見ると、骨組みの丸太が透けて見えて、スカスカであることがわかる。

ところが一〇年後の日露戦争となると、緑門は影を潜め、逆に石造にしか見えない壮麗な凱旋門が流行した。思わず「壮麗な」と書いてしまったのは、それを写真でしか見ることができないからだ。各地の凱旋門は当時爆発的に流行した絵葉書に美しい姿をとどめているものの、いずれも中身は木造、外側はモルタルで装飾された見かけ倒しのハリボテの建物であった。長いもので一年ほどは立っていたようであるが、風雨に曝されるなかでボロを出した。

こうした凱旋門の二つのタイプは、わずか一〇年を隔てた戦争、しかしながら一九世紀最後と二〇世紀最初に位置する二つの戦争のあいだに、日本人の造形感覚が大きく変化したことを物語っている。すなわち、前者では植物で建物を見立て、それが仮設であること、ハリボテであること、まがい物であることを明白に示したのに対し（それは一九世紀の祭礼や見世物の造形物にとっては常套手段だった）、後者ではそのすべてを隠した。

むろん、それが仮設であることは当時の誰の目にも明らかだったが（写真でしか目にできないわれわれには判別不能）、そこで求められた最高の価値が本物らしさであった。ハリボテであることを隠した凱旋門は、日露戦争の勝利に酔った勢いで、西洋世界に肩を並べようと、一段と背伸びに力を入れはじめた日本国民の趣味によく叶った建築といえそうである。

同時代の同趣味に同じくよく叶った建物に、東宮御所（のちの赤坂離宮）がある。明治三九（一九〇六）年の竣工。辰野金吾とともに西洋建築学を学んだ第一世代片山東熊の作品、明治の政府と建築界と美術界がその建設に全力を投じた建物、維新以来西洋化を進めてきた皇室がようやく手に入れた本格的西洋ふうの宮殿（皇居内に建設された宮殿は和洋折衷だった）、しかしいざ入居してみると住み心地が悪くてあまり使われなかった大邸宅、戦後は重要文化財に指定され永遠に残されようとしている文化財（村野藤吾が改修に携わり、小磯良平の壁画が加わった）、現在は国賓の迎賓館として使われつつ国民の見学は極端に制限されている国有財産。

私はその前を通っただけで中に入ったことはないが、きっとそれはちゃちで貧弱で情けなくなるような建物にちがいない。スタイルさえ踏襲すれば必ず生じる建築空間の壮麗さは、おそらくその内部でしか通用しないだろう。

中にも入らずに（見学を申し込んだが抽選で外れたのだ。写真では見た。渡辺義雄の写真集『迎賓館』が知られる。写真で見るとなるほど壮麗。明治の画家たちが総力を結集した壁画や天井画も気になる）、なぜそんなことがわかるのかといえば、明治の皇室にとっては赤坂離宮に至る道の出発点ともいうべき泉布観（明治三年に大阪に建てられた天皇のための迎賓館）を訪れ、その貧しさに心を打たれた経験があるからだ。そこには、タイル張りの床を模したペンキ塗りの木の床があった。一度に大勢が二階に上がると床が抜けるのでご注意という貼り紙があった。明治国家の安普請を象徴するような光景であるが、紛れもなくそこは日本近代の出発点であると感じた。

東宮御所は、泉布観の、あるいは舞踏会という茶番劇の演じられた鹿鳴館を経たほんの少し先に位置するにすぎない。同時代の凱旋門よりはましな材料を用いたにすぎない。ただし、建築史では、泉布観から東宮御所へと至る道はまがい物にはじまり、ようやく本物を手に入れた歴史だと、私の考えとはいくらか違ったことを教える。

しかし、そんなふうに赤坂離宮を本格的西洋建築ととらえ、明治時代の代表作と不動の評価を与えることは、その周囲にあった仮設なるものを見えなくさせるだろう。明治の日本の貧しさに目が届かなくなる。おそらく、日露戦争後の東京市民にとって、凱旋門は東宮御所に隣接していたはずだし、恒久的な凱旋門を一つぐらいは東京につくってもいいという気分だったにちがいない。

復元、どこへ戻るのか

建築の世界では建物の「復元」といわずに「復原」という。逆に建築以外の領域では、あまり「復原」を使わない。ふつうの会話でも字面は意識しないものの、「復元」と口にしているつもりではないか。いずれにしても、この言葉、竣工時を起点に建物を考えるという了解があればこそ、復するべき「元」ないし「原」とはどこなのかという問題を回避できる。

ところがこれまでに述べてきたように、竣工時の建物というものは、建築家や建築史家の頭のなかにしかない、あるいは建築家の資料ファイルや建築史の本のなかにしかなく（設計図面と竣工写真というかたちで）、建物は変化しつづけるものなのだから、それだけでも問題は難題のはずである。

それが難題であることを自覚しているのは、文化財保護という使命感を抱いて復元工事に携わる誠実な関係者だけだろう。設計図面も竣工写真もないままに、復元がまかり通ってしまう世界がある。すなわち城の復元である。それは現代日本の至るところで進行中だから、例をあげるに事欠かない。城下町を歩けば復元城にあたるという状況にある。いやそれどころか、熱海城や下田城や千葉城（正式には千葉市立郷土博物館）のように城下町ではなかったところにまで天守がそびえている始末だ。

城の復元の典型的な三つのタイプ、大阪城、名古屋城、掛川城を順に見てゆくことにしよう。

大阪城は現代大阪のシンボルとしての地位を不動のものにしている。大阪を伝えようとする映像メディアは判で押したように大阪城を写す。実際、淀川の河口に広がった大阪の町では上町台地の大阪城はひとりそびえ立っており、さらに天守の五五ｍという高さが大阪城を近年までは大阪最大の高層建築としていた。

大阪城天守は、誰がなんと言おうと、昭和六（一九三一）年に竣工した近代建築である。鉄筋コンクリート造、外観では五層、内部は八階建て、当初よりエレベーターを備えていた。施工にあたった大林組は当時の最新技術を注ぎ込んだ。平成九（一九九七）年に国の登録有形文化財に登録されたのは、すでに築後五〇年がすぎたという登録基準を満たしたばかりか、近代建築としての歴史的評価を認められたからであった。

天守の最上階から殿様が顔を出して城下を眺めるという通俗的イメージが大阪城に希薄なのは、大阪は長く幕府の直轄領であり、幕府が城代を送り込んできたからだ。すなわち本来の城主は将軍であり、幕末に将軍家茂と慶喜が滞在するまで大阪城は殿様不在の城であった。そもそも商いの町大阪には武士の存在が希薄だったともいえる。

天守も寛文五（一六六五）年に落雷で焼けたあと、ずっと再建されなかった。それでも通用したのは、一七世紀後半には早くも天守は城の必需品ではなかったことを意味している。幕末に至って政治の中心が京都に移ると、大阪城も政治的存在を示すようになるが、戊辰戦争でさらに本丸二ノ丸の建物の多くが焼け落ちてしまった。

大阪城の復元とは、こうした江戸時代の歴史には目をつぶり、秀吉の時代へと戻ろうとした行為にほかならない。しかし、復元のもとになる設計図面もなければ当たり前だが写真もない。そこで黒田家伝来「大坂夏の陣図屏風」（大阪城天守閣蔵）に描かれた天守の姿をもとにした。さらに、岡山城天守、大垣城天守、広島城天守、松本城天守、丸岡城天守などを参考にしたことが、竣工記念に発行された小冊子『大阪城』（大阪市、昭和六年）に記されている。

したがって、大阪城は昭和六年に建設された紛れもない本物の城、より正しくは本物の復元城であるが、デザインも材料や工法の点でも、豊臣家が建設した城の正確な復元とはいえない。たとえ正確であっても、復元である限りはまがい物である。いや、仮に寸分違わぬ復元工事が完璧に実行できたとしたら、それは本物ということになるのだろうか。先にあげた伊勢神宮の例はこの自明と思われる本物とまがい物の境界線に再考を迫る。

大阪城のあり方は、その後の城の復元にひとつのモデルを示すことになる。すでに明治末ごろから、大阪城とは比較にならないほど小規模ではあったが、天守の復元は行われていた。しかし、復元ブームに火がついたのは、皮肉にも昭和二〇（一九四五）年の空襲で多くの天守に火がついて焼け落ちたことをきっかけにしている。焼け野原となっておよそ一〇年、昭和三〇年代を迎えたころから、戦災復興のシンボルとして天守復元が相次いだ。これを称して「昭和の築城ブーム」と呼んだ。

二度と城を焼くまいという決意からか、どこでも躊躇なく鉄筋コンクリート造が採用された。天守の内部に大勢の人を入れることも、この時期の復元城がこぞって採用したことだ。その多くが郷土資料館を内部に開設し、外部から眺めるだけであった（江戸時代にさかのぼってもそうであった）天守の性格を決定的に変えてしまった。天守は住民や観光客が城下を眺める展望台を兼ね、そこに至る階段や最上階の回り縁や窓がしばしば改変された。

名古屋城天守の竣工は昭和三四（一九五六）年、大阪城と異なり、昭和二〇年五月一四日の朝にアメリカ軍が空から大挙して攻め寄せるまでは存在しており、かつ国宝に指定され保護されていたから、復元の参考となる実測図面や写真を残していた。それにもかかわらず、大阪城同様に鉄筋コンクリート造を採用し、内部に人を招き入れた。彼らの利便を考慮して最上階の窓は大きく広げられ、エレベーターが設置された。さらに近年になると、天守の外側にもエレベーターが取り付けられ、高齢者や身体障害者が天守台の石段を登らずに天守に入ることまでも可能にした。バリアフリーを受け入れた天守はバリアの極致であることをやめたのである。

こうして復元名古屋城は明白なまがい物となった。現在では国宝でもなければ重要文化財でもない。単に城の姿をした建物、単なる本物の復元城である。

掛川城天守の竣工は平成六（一九九四）年、「昭和の築城ブーム」に遅れること四〇年、施主たる掛川市長も「この復古調ブームに掛川市は乗る力がなく、私も市長になってから一〇年余、郷土史家や篤志家から、『天守閣を造ってください』と言われてきたが、決断できなかった」（榛村純一・若林淳之『掛川城の挑戦』静岡新聞社、一九九六年）と語っている。遅れてきた復元城であった。

そんな市長が築城を決断したのには、それなりの理由があった。地域振興、いわゆる町おこしである。掛川の歴史と文化に目を向けるための目標として、天守復元が構想された。乗り遅れた「昭和の築城ブーム」では、すべての復元城が鉄筋コンクリート造であったのに対して、掛川城は木造での復元をめざした。ただし、そのために建設費は鉄筋コンクリート造の見積額六億五〇〇〇万円から一二億円へと跳ね上がった。

そして、「日本初の本格木造復元天守閣」（同城パンフレット）であることをうたい上げるばかりか、さらに使用した木材が国産材（青森ヒバ）であることも強調する。すなわち、建物の真正性を材料に対して二つのレベルで求めたのである。同様に歴史的建造物の復元事業が韓国ソウルの景福宮でも進められているが、近年、復元の杜撰さが非難されるなかで、王宮でありながらもカナダ産の木材が大量に使われたことが槍玉に上がった。近代のナショナリズムが過去の文化に向かって投影されがちなことをよく示す事例である。

しかしながら、建物の復元における真正性はまずデザインに求められるべきだろう。一六世紀末に山内一豊によって建設された掛川城天守は、安政元（一八五四）年の東南海地震で半壊したあと取り壊されたままだった。絵図が数点伝わっていた。さらに重要な手がかりは、山内一豊が高知に移ったあとの高知城築城記録『御城築記』に「天守之儀、遠州掛川之天守之通」という一節で、これを根拠に、復元工事関係者は、高知城が掛川城を真似たのだから今度は掛川城が高知城を真似ればよいと考えることにした。もっとも、高知城も享保一二（一七二七）年にいったん天守を焼失させ、宝暦三（一七五三）年に現在の天守を再建している。再建が復元であったと仮定して、掛川城の復元天守はもとの天守のコピーのコピーのコピーということになる。

私の手許にある三浦正幸『城の鑑賞基礎知識』（至文堂、一九九九年）では、著者は巻頭に「城の鑑賞留意点」という一文を掲げ、復元城を激しく非難している。「今日の城はいわば偽物で満ちあふれ、本物は少ししか残っていないからである。例えば本物の天守は全国にわずか一二基しか残っていないが、戦後に復興（時には創建）された天守は筆者の知る限り四八基にも及ぶ。しかもそれらの復元はあまり正しくはない。それどころか完全に誤った例のほうが圧倒的に多く、完璧に復元された天守はいまだに一例もない」。

この筆者と私は必ずしも同意見ではない。三つの事例で示したとおり、復元にはさまざまな幅があるが、一方で、本物にもまた幅があるからだ。ここで出た一二基の天守にしても、本物の度合いは違っている。

なるほど彦根城や姫路城は慶長年間（一七世紀初頭）の建設で、天守が必要とされた時代の産物である。ところが、一二基の天守でもっとも新しい松前城のそれは、寛永一九（一六四二）年に建設され、天明四（一七八四）年に落雷で焼失、嘉永五（一八五二）年になってようやく再建されたものである。現代の文化財保護主義者のように、幕末の再建工事関係者が二〇〇年も前の建物に忠実に戻そうとするはずがない。当時の城郭にとって実用性を失った天守がまだ必需品であったとすれば（現代の掛川市民と同様に）、当面の必要に応じて天守は改変される。それを含んだうえでの本物ということになる。

復元をめぐっても、本物とまがい物のあいだに一線をきっぱりと引くことは難しい。

破壊——東京駅も原爆ドームになれた

そんな馬鹿な、と思われるかもしれないが、もし原子爆弾が広島でも長崎でもなく東京に投下され、東京大空襲にまさる被害を受け、爆風の関係でたまたま東京駅のドームが半壊状態となり、戦災復興が進んでゆくなかでそのまま残されていたとしたら、誰かがそれを「原爆ドーム」と名づけて、原爆の被害を忘れないために保存を呼びかけ、やがては加害者であるアメリカの反対を押しきって、ユネスコの世界遺産のうち自然遺産ではなく文化遺産のほうに登録されるということは十分におこり得ただろう。

原爆ドームは建物？遺跡？（2002年）

市民に愛される交番？（1999年）

なぜなら、広島の原爆ドームもはじめから原爆ドームであったわけではなく、ここで述べたようなプロセスを経て、原爆ドームへと成長してきたからだ。

広島のそれは産業陳列館（のちに産業奨励館）であった。チェコ人建築家ヤン・レツルのデザインになる目立つ建物ではあったが、広島の町でひとり特権を与えられた建物ではない。原爆が炸裂して、広島が廃墟と化したあとでもなおそうだった。半壊の建物はいくつもあった。二年めの夏、昭和二二（一九四七）年八月に広島平和祭協会によって「原爆十景」が選定されたときにも、壊れた産業陳列館はそこに含まれていない。このときに選ばれた十景は、頼山陽記念館の屋根から落下しなかった瓦や広島市役所の焼けなかった防火暗幕など、いわば奇蹟がおこった場所である。したがって、産業陳列館が爆風に耐えてびくともしなかったのであれば、当然選ばれただろう。

やがて、この建物は平和ドーム、ついで原爆ドームと呼ばれるようになる。原爆ドームの初出は昭和二六（一九五一）年だという。ところがその翌二七年八月六日に、ＧＨＱの検閲から解放されてはじめて発行された岩波写真文庫『広島　戦争と都市一九五二』には、落書きだらけの（大半がアルファベットであり、おそらく広島を訪れたアメリカ人によって刻まれている）平和ドームの写真を掲載しているから、神聖不可侵の建物となるにはまだまだ遠い道のりにあった。

原爆ドームの特権化は、原爆ドームを起点に広島平和記念公園がデザインされたことで方向づけられた。これにより原爆ドームと原爆慰霊碑と広島平和記念資料館とは同一線上に並んだが、だからといって原爆ドームの保存が決まったわけではなく、何度か崩壊の危機が指摘され、何度かの応急的な修復工事が募金によって行われた。というのは、この半壊の（実際には全壊だが倒壊はしなかった）建物は文化財として保護されてきたわけではなかったからだ。産業陳列館のままであればともかく、ほとんど壁だけの姿と化した建物に建築史的価値はほとんどない。

原爆ドームは別の観点から評価された。まず反戦平和と核廃絶のシンボルとしての役割が与えられ、ついで戦争遺跡という考え方に迎えられた。むろん平成八（一九九六）年の世界遺産への登録はこの延長線上にあるが、そのための前提条件として国内法による保護が必要だった。長いあいだ保護の手を差し伸べなかった国が、被爆五〇周年を機に文化財保護法を適用して、原爆ドームを史跡に指定したのはこのためである。建造物として保護下に入ったのではないので念のため。

こんなふうに建物は建物であることをやめたあとでもなお意味を与えられ、生かされつづける。破壊されたがゆえに生じた意味であり、それを保持するためには破壊の状態を保存しなければならない。とはいえ、かつて壁一面にびっしりと刻まれた落書きはきれいに消されている。ここでもまた、何を本来の姿と考えて復元するのかが問われる。

建築という抽象的な言葉を口にすると、実在する建物のあやしさが見えなくなると思いつつ、建築概念にゆさぶりをかけながら、とうとう、かろうじて立ちつづける壁へと至った。しかし、それは単に破壊の爪痕を残す壁ではない。壁が破壊の一瞬前までは建物であり、内部に人が働いていたという現実が、原爆ドームの前に立つと、私の記憶でもないのに突然浮かび上がってくる。壁一枚となってもなお、建物の奥は深い。

きのした・なおゆき／東京大学助教授・文化資源学

スノビストに毒だみ茶を

●——建築と闘う

石山修武

ほどほどということができない。自分で自分を値踏みするに、性格、趣味、品位などはまさにほどほどなんだが、こと建築デザインになると度をすごしてしまう。このくらいでやめておけば、もっとみんなから安心もされ、支持も得られるだろう、客も増えるだろうなと思うときがたびたびある。しかし、そうわかってはいても体がいうことをきかない。いうことをきかぬ自身と闘うのに費やすエネルギーに自分でもあきれ返ることがある。

もう少し、ほどほどの、適正な、バランスのとれたデザイン観、価値観に修正したほうが幸福にちがいないと遅ればせながら気づいて、それで自宅の屋上に菜園をつくった。菜園でナスやキュウリ、トマトの世話なぞやってみたら、なんかほどほどらしいと考えたからだ。芽ぶいたサヤエンドウのつるのために竹の棒を用意したり、雑草をむしったりの生活をしてみたら、なんかほどほど感も育てられるんじゃないかと思い付いたのだ。

で、「世田谷村」と呼んでいるわが家の屋上には二二トンを超える土が運び上げられ、カンボジアの匂い草の種がまかれ、ネパール山地のソバも試され、得体の知れぬ草花が咲き乱れるという、またもほどほどでない状態になってしまうのだった。

生ごみを屋上菜園に埋めるのを思い付いてもほどほどができない。埋めて埋めて埋めまくりはじめ、毎朝、台所の生ごみが出ないと不機嫌になってしまうような有様で、生ごみを出すために食事をするようなことになってしまう。

これも自己完結、自給自足という観念がほどほどを知らぬほどに膨張してしまったからなのだ。生ごみを屋上に埋めるくらいに理屈は不要だろうが当然なんだが、それに自己完結した生活という観念がペッタリ貼り付くから厄介なことになってしまう。生ごみは時にはごみ回収日に出せるのに、全部屋上に上げてしまう。そうすりゃ、生ごみだらけになって、それを狙ってカラスが屋上を襲撃するようになる。それでカラス防護ネットをつくる羽目になる。止せばいいのに防護ネットのフレームづくりに熱中して、なんだか怪しげな人形フレームを考え付き、屋上にフニャフニャな人形が出現してしまい、周辺の住民を驚かせることになってしまう。気の弱い息子は「お前の家の近所だろう。変な家建てて屋根の上に上がってるオヤジがいる家ってのは」と友だちに言われ、それが自分の家であり、その屋根の上の馬鹿ならぬオヤジがかく言う私であり、自分のオヤジだと言いそびれてしまった。以来息子はわが家から出かけるときはいつも、周囲に友だちがいるかどうかを念入りにたしかめ、誰もいないのを見計らってから、プイと知らん顔、自分の家じゃない振りをして歩きはじめる始末。

息子にまでそんな気分にさせてしまう自分に愛想がつきてしまえばよいのに、それもできない。屋上にカラス番のための小屋を建てようと考えはじめているのだった。その小屋のスケッチだってもう何枚描いただろう。やりはじめたら面白くて、またも止まらなくなってしまうのであった。

ほどほどを知らずに傾いてゆく、渦巻いていってとどまることを知らぬのはバロックの性格の典型ではないかと考えてみる。しかし、われながら私の建築はバロックとはほど遠い。バロックや悪趣味、キッチュは大好物ではあるが、どうやら私のつくる建築はそれではない。ただの生ごみを屋上に埋めることと、自己完結型生活なんていう観念が、ペチャリとときどき結び付いて離れたがらぬところが私の建築の基本的な性格になっているようだ。コンセプチュアルなんてキレイなものではない。学生に「お前、コンセプトをもっとクリアーにしたら」なんて先生顔して言うほど、どうやら私の建築はコンセプチュアルなものではない。もっと、ある種の観念性が直接にかたちになり、素材と結び付き、空間になってしまうところがあるようだ。その観念はときに技術に対する考え方であり、いまの社会に対する批評性を帯びたものであったりとさまざまに変装はするが、中心はあまり変わらない。

こんな性格はどこから来ているんだろうと考えてみる。いつもゼロから考えなくては気がすまぬのだから、自分でもすごく効率が悪い方法だと無念に思うところだ。

私の設計には建築家の師匠がいない。建築家の許でトレーニングするというキャリアをもっていない。だから私の設計は習熟するのにひどく時間がかかった。オーソドックスなトレーニングがなされておらず、ほとんど自己流の独学だったからだ。だから私の設計は年をとっても一人で野原を駆け回っているふうがあると自分でも思う。これは格好よく言えば自由、そういうふうに見えるかもしれぬが、よくよく見れば身体中にひっかき傷や、向こう傷が絶えない。負わなくてもよい傷まで背負い込んでいるふうもある。建築家の師匠についていたら、こんな傷負わずにすんだろうなと思わぬでもない。だから学生には自分なりによい師匠を見つけて、よいトレーニングをしなさいと言っている。

では何から何まですべて無手勝流かと言えば、明らかにそうじゃないと言いきる自負もある。私は歴史から多くを学んだ。また幸運にも、友人に最良の歴史家がいて、彼らとの交友から直接に多大なものを学ぶことができた。その間の事情をポツリ、ポツンと述べてみよう。

歴史から学んだと言っても、歴史書から多くを学んだというわけではない。もっと生身な歴史。具体的な場所や人間を介して感得できる歴史観のようなものだ。

そして、最終的に建築設計にもしも華があるとすれば、それは歴史との闘いのなかからしか生まれないと、いまはちょっぴり確信するに至っている。闘うと言いきるほど格好よくないかもしれない。自然に振る舞っていれば、歴史の大海に呑み込まれてしまうのを必死になって頭くらいは波間に浮かばせよう、できれば何か投げ込んでみたい、さざ波くらいは立ててみようとあがきつづけてるってのが正直なところかな。ま、アブストラクトな対歴史の考えはこれで中断して、私のここ一〇年ほどの、それこそ卑俗な歴史から考え直してみることにしよう。なぜならこのエッセイの目的はどうやら若い建築家の卵たちや建築学生、そして建築やってみようかなの高校生諸君へのガイドブックづくり、教科書づくりをめざしたものだから。まず、何よりも建築設計は教えることができるのか、の私の歴史から述べなくてはなるまい。設計を教えることこそ、建築家にとって対歴史を意識した闘いと同じくらいに困難で、益の少ない、だからこそ面白いことでもあるからだ。

専業主婦ならぬ、専業建築家から教師との併業になってから十数年経つ。この年月は長かった。また、一番つらい時期だった。大学の研究室に仕事場を移したばかりのときはほんとうに憮然とする毎日だった。図面のなかでは一番描きやすい展開図の描き方すら知らぬ院生たちに教えながら同時に建てていた。そんなこと自慢にもならないが、満足に眠れた夜の記憶もない。咆えれば泣き出す奴もいたし、満足に電話のかけ方も知らぬ連中だった。

その前は町で設計事務所をやっていてキチンとしたスタッフもいたから、スタッフを全部もぎ取られたようなものだった。設計事務所では基本的なことを指示すればみんなスタッフがやってくれた。いいスタッフたちだった。建築家はスタッフにかつがれていたのだ。そのことに気づいていて、みんなスタッフがやってくれるのでほんとうに自分はつくっているのか、つねに不安が沸くのだった。建てたと言ったってほんとうに自分の設計なんだろうかと自問自答だってしていたのだ。事務所と研究室を行き来すればよかったかもしれぬが、それは自分には向いていないだろうの直観があった。中途半端はできる性分ではないから、教えるんだったら、そのど真ん中で建てながら、そうしたいと考えたのだ。これはいまでも間違っていなかったとは思うが、実行してしまうと恐ろしいほどの困難に対面するのだった。あんまり先を読むって常識的なことができないので、いつも困難の真ん中に入ってしまい、そうなってはじめてことの重大さに気づくのであった。計画系の教師でありながら自分を計画することができないのであった。

しかし、難問の大半は解決できるのも知った。素人同然のアシスタントたちのお蔭様だ。一九九〇年代はじめの私の建築はこうして、もがきながらつくった。東北のリアス・アーク美術館、岡山の建部町国際交流館、福岡のネクサスワールド石山棟などである。すべて満足のゆくものではない。もちろん満足なんてしたためしもないが、あのスタッフでよくやれたなとは思うこと仕切りである。ちなみに最初期の私のアシスタントたちは、いま皆それぞれに独立している。建築設計事務所をやっていたり、建設会社の社長をやっていたりで、一人も会社勤めをしている者はいない。

最近になって毎年春に私の研究室の同窓会が開かれるようになった。しかし、この連中はなかなかそこには出てこない。ただ私はそれによって、彼らがまだ私に見せるに足る建築がつくれていないのだろうことを知る。よく頑張っているな、教え込んだ野心、理念、誇りは死んではいないとわかる。建築家の師弟関係とはそういうものだ。彼らはまだ私と闘っているのだ。かくいう私だって教え子がいつか私につくった建築を見せてくれて、それが私がいまつくっているものよりもよかったら、進化していたら、即刻引退だと考えているのだから、私も遠回りに闘ってはいるのだろう。

しかし、素人同然であった当時のスタッフ、アシスタントたちには少しばかり感謝もしているのだ。なぜならば私は設計事務所でかつがれた建築家であったのを、スタッフさえかつがねばならぬ建築家にサバイバルしたからだ。何から何まで自分で考え、判断し、動かねばならぬ現実に叩き込まれたからである。人間の大半は惰性で生きている。昨日と今日、そして明日が何の切れ目もなく生きてゆくのは容易だ。かつがれたり、もたれ合ったりで自分の意志を磨耗してしまうのはアッという間のことなのだ。この数年間のサバイバル、自己改革で私は現実の身体にはかなりのダメージを負ったようだが、精神を再び生き生きさせることができたのはたしかなことだろう。

二〇世紀末、すなわち九〇年代につくった私の建築の基本的なベースは要するに、教えながら、手とり足とりしながらの現場から生み出したものだ。私には熟練した設計技術をもつ手足がいなかった。それがすべてではないが、私が何もかも考えなければならなかった。現場もすべて自分で指示し見てまわった。いま思えば大変なことだったが、それが私に建築への新鮮な想いをもたせつづけたのではないか。建築にあきてしまう、ワクワクするような好奇心をどんどん失くしてしまうヒマもなかったのだ。建築設計でメシを喰ってゆくのに一番辛いのは、それが一人ではどうしようもなく不可能なことだからだ。小住宅をコツコツ一人で設計し、チョボチョボに食べてゆくのも人生だろうが、その設計者としてのライフスタイルにはおのずから なる限界がある。大きな建築はそのスタイルからは生み出せぬし、仕事も多くは望めない。やっぱり建築設計はなにがしかの数をこなせぬと上手になれぬという現実がある。設計はやればやるほどに上達するものだし、具体的な体験を積まなくてはどうにもならない経験主義的な側面が強いのもたしかな事実ではある。二〇代に素晴らしく革命的な考えを引き下げて登場し建設し、社会をアッと言わせるなんてことは不可能なのだ。そこが諸々の芸術とは一線を画するところだろう。音楽家や絵描き、彫刻家などは一人でできるものだから、若くても何かをなせる。若さが特権になることもあり得る。しかしネエ。建築設計分野にはそれはあり得ぬことなのだ。依頼主、それにスタッフという絶対的に必要なものがあるからだ。このことはとくに学生時代には理解不能な世界である。格好つけて言えば、建築には絶対に他者が必要なのだ。自分のうちの想像力、構想力もできればあるにしくはないのだが、変な言い方をすれば、それはなくてもやっていける。まず何よりも他者の必要性への冷静な認識があるべきだろう。他者って言っても生身の人間ばかりではない。もうひとつ、デッカク歴史というどうにもならぬデッカイ、化け物みたいな他者もあるのだが、これについて先に少し考えてみよう。

いま、この原稿はニーチェが死んだニーチェハウスで書いている。締め切りをとうに過ぎて、原稿の発注者である何人かの人間の顔が思い浮かび、とうてい逃げきれぬものではないのを知って、それでもドイツ、ワイマールまで逃げて書いている。原稿だって発注者、クライアントはいるのだから、これも辛いのだ。ワイマールはバウハウスの生誕の地だ。モダーンデザインという私たちがいま、生活の大半をその世界のなかで暮らしている空間の様式はバウハウスによって、その中心が生み出された。これは歴史の定説である。定説には逆らっても仕方ない。闘っても意味はない。それゆえ従わなければならぬ。が、どうやら私にとってはこのモダニズムスタイルというのが生涯の闘うべき相手ではないのかと思わざるを得ないところがある。さすがにワイマールまで逃げて、しかもニーチェの家で書いているから言うことが大仰だ。ニーチェはその晩年をここですごした。神は死んだと、ヨーロッパ文化の中枢であるキリスト教そのものに根本的疑義を呈示したのはニーチェだった。ワーグナーとの起伏に富んだ交友関係もよく知られていることだが、アドルフ・ヒトラーのナチズムはニーチェの思想の一部を頼りにしたようなところがあった。それゆえニーチェは、その歴史的評価がいまだに定まりきらぬところもある。

晩年のニーチェは梅毒に侵されていた。知性も精神すらも破壊され夢うつつの状態であったらしい。しかし生涯愛して止まなかった音楽には執着したらしく、ピアノだけはときにひとり弾くことがあったという。

いま、私がニーチェハウスに閉じ込められているのはバウハウス大学のコロキウムに出席してプロローグレクチャーをするためだ。このバウハウスという歴史的モダーンデザインのブランドを背負った大学はヨーロッパではなかなか頑張っている。三年に一度国際的会議を開き、世界中から多くの哲学者・社会学者・批評家を集め、論じ合うのを何度もやってきた。私はドイツ、ワイマールまで呼ばれるほどに世界に知られているわけではない。しかしなぜか人脈がある。もちろん血縁地縁というファシズムまがいの人脈ではない。日本の九州佐賀で三年間バウハウス大学と私はワークショップを開催した。これは日本の大学の建築教育に対する局地戦みたいな闘いであった。それ以来この大学と人脈が発生してしまった。小賢しいやつは人脈のことを情報化時代のネットワークづくりとか抜かす。こういう類の平板な発言をするやつはあらかた無能な俗人だ。人間は無能であってもよいが、俗人はイケない。ヨーロッパだってアメリカだって、ましてやいまや盛りの中国なぞの世界は、ことに建築の世界は人脈で成り立っている。それ以外の何者でもない。ほかの世界では孤立無援の天才なんて者がいるやも知れぬが、建築の世界には絶対に存在しない。エーッとなんでこんな話になってしまったんだ。

そう、バウハウスだ。いま、バウハウスの歴史を継承しているはずの大学の教育の現場にも人脈は張り巡らされているだろう。当然、オリジナルバウハウスの運動だってそうだった。ワルター・グロピウスと、ちょっと表現主義的民族性の強かったイッテンとのあいだの確執があり、イッテンはバウハウスを去った。勝者であったはずのグロピウスだって、巨大なファシズムを背にしたヒトラーとの闘いがあって、アメリカに逃げた。ミースも逃げた。そうしてモダニズムの中心は一時アメリカへ移行した。闘うって言ったって、「大きな闘い」と「小さな闘い」がある。

いまは不況で建築関係者はみな一様に金の問題で浮かぬ顔をしている。私だってそうだ。しかし、ちょっとばかり歴史を聞きかじってみると、日々の金との闘いなんてのは小さな、誰もが体験通過しなければならぬ闘いにしかすぎない。一番厄介なのはもっと大きな闘いなのだ。

やっぱりワイマールにいるとアドルフ・ヒトラーの真似をしたくなるんだな。闘い、闘いと大仰だ。これでは「我が闘争」の語り口になってしまうではないか。

建築関連の仕事をこれまでいろいろやってきた。無茶苦茶な貧乏だって体験した。その経験から言えば、日々の辛さ、苦しさ、それは金のことも含め、あるいは人間関係の小さなトラブルも含めてなんとか乗り越えられる。そう言いきってまずまちがいない。だからそんなことは気にすることはない。建築設計で喰っていけるんだろうかなんていう俗な悩み不安はいっさいもつ必要がない。なんとかなってしまうものだ。それにね、建築設計っていうのはヤケに成功してしまった一部のヒーローたちを除けば、それほどに金になる仕事ではない。金儲けをしようと考えて建築設計の道に入るのは間抜けな俗人だ。しかし、貧乏したってかまわないぜ、とキッパリ覚悟を決めてしまって、この道に分け入ったら、これほど面白い仕事はない。それに貧乏って言ったって、幸い日本ではこれもほどほどだ。インドの路上生活者ほどのことはない。貧乏で死ぬことはまずないから安心なのだ。そんなこと考えるだけ無駄なことだ。で、とにかく覚悟して、それで建築設計を仕事にしたら、再び言うが、これほど面白い仕事は絶対にほかにはない。なにしろ一人で勝手に歴史や社会と闘える。あるいは闘っているつもりになれるのだから。歴史相手はなかなかに手強いけれど社会とならば簡単だ。だって建築設計の本質は社会計画みたいなものだから。住宅設計も含めて、ありとあらゆる建築設計は社会設計なのである。さまざまな尺度の人間の集団生活の場所の設計なのだ。本気でそれに取り組めば、それは必然的に社会と闘うことになってしまう。なぜなら、先にも述べたバウハウス発のモダニズムデザインは日本ではただの輸入品であったからだ。日本社会の必然としてのデザインではなかった。日本社会自体が内的必然の成果と呼ぶに値するものをもたぬ歴史で成立してきたきらいがあるから、ますます話はややこしくなるばかり。これから先、ある種の成熟をめざさざるを得ぬ日本社会ではほどほどならぬ、決然とした本気で建築を考えてゆけば、それはおおもとでは日本社会そのものの矛盾と闘うことになってしまう必然にたどり着いてしまうのではなかろうか。

住宅設計ひとつを例にしたって、そのことは明々白々だ。住宅はその国の文化の水準を端的に示す物体である。さまざまな芸術作品に表現される文化の水準なんてものは文化の上ずみをすくい上げているようなものだ。住宅に表現されているものはより広大で重い。なぜなら住宅はその国、その地域の生産力、流通の合理性、消費と呼ばれる生活そのものの質を自然に表現してしまう媒体のようなものだからだ。それをほどほどでなく、深く本気で設計しようと考えたら、生産のシステムの非合理、さらには流通の体系の巨大な非合理そのものと闘わざるを得ないのだ。非合理の上にあぐらをかいた合理なぞはあり得ない。そんなものは非合理、矛盾をただ鏡に写したものにすぎない。それによってつくり上げられる美しさがあったとしても、それは砂上の楼閣にすぎないのだ。アーあ、また悲憤慷慨のふうになってきてしまった。読者諸君にはいささか滑稽にも写っているだろう。が、しかしこの滑稽に見えてしまうところが日本文化全般の特殊事情であることもたしかなのだ。

明らかにモダニズムデザインはここバウハウスから生誕して、紆余曲折しながら日本にも漂着した。それ以前の近代建築はジョサイア・コンドルらによって、これもまたもち込まれた。その間の事情は歴史家によって究明されつつある。日本近代は漂着したり、たどり着いたりの異文化、外来文化の標本の一大テーマパークみたいなものなのだ。別に文化風土自体がテーマパークになるのが悪いと言っているのではない。もともと、この国の風土にはそのような傾向があって、それがどうやら本性でもあるらしいからだ。

かくいう私だってそのテーマパーク性、いい加減さ、浮遊した現実性を確実に自分のうちにもっている。だって、そういう都市、そういう田園に暮らしていたら、そうなるのは理の当然だから。しかし君、自分の内がテーマパーク的なもので構築されているってことは大変なことなんだよ。日常生活そのものが合理的であるべき現実から浮遊してるってことなんだから。

建築設計を本気でやるってこと。まじめじゃないのよ、本気でやるってこと。日本のまじめはあやしいんだから。それ自体がテーマパーク気味なんだから。本気でやろうとすると、それが必然的に自身の内外ともに、それを自然と呼びたいくらいの軋轢を生み出してしまうのは、じつに驚くべき正当性をもつことになるのだから。


いしやま・おさむ／早稲田大学教授・建築家

図版・写真出典

40頁／オルセ美術館蔵エッフェルコレクション
49頁／Franz Schulze, "MIES VAN DER ROHE:A Critical Biography", The University of Chicago Press,1985
57頁／上：Robert Marks, "The Dymaxion World of Buckminster Fuller",Reinhold Publishing Corporatin,1960
57頁／下：Sydney Le Blanc, "20th Century American Architecture",Whitney Library of Design,1993
66頁／上：写真撮影：菅沼聡也
78頁／写真撮影：和木通
128頁／写真撮影：中里和人
166頁／写真2：東京大学土木工学科橋梁研究室蔵
166頁／写真3：写真撮影：伊澤岬
172頁／図1：『新建築学大系40　金属系構造の設計』彰国社、1986年
172頁／写真4："ENGINEERING NEWS-RECORD" 68.5.28
172頁／写真5：ルーブル美術館蔵
236頁／出雲国造千家家蔵
246頁／朝日百科日本の国宝別冊『国宝と歴史の旅』、写真提供：朝日新聞社、写真撮影：桑原英文
259頁／写真2：奈良文化財研究所、「重要文化財　旧米谷家住宅修理工事報告書」1994年3月所収
262頁／写真3a：太田博太郎『日本建築史序説』彰国社、1970年
262頁／写真4：奈良県教育委員会、「国宝　室生寺五重塔（災害復旧）修理工事報告書」2000年9月所収

「建築学」の教科書

2003年6月10日　第1版 発　行
2003年6月30日　第1版 第3刷

著　者　安藤忠雄・石山修武・木下直之・佐々木睦朗・水津牧子・鈴木博之・妹島和世・田辺新一・内藤廣・西澤英和・藤森照信・松村秀一・松山巖・山岸常人

著作権者との協定により検印省略

発行者　後　藤　武
発行所　株式会社　**彰　国　社**
160-0002　東京都新宿区坂町25
電　話　03-3359-3231（大代表）
振替口座　00160-2-173401

自然科学書協会会員
工学書協会会員

Printed in Japan

製版・印刷：壮光舎印刷　製本：関山製本社

ISBN4-395-00542-X C3052　http://www.shokokusha.co.jp